イノベーションの計量経済分析

中西 泰夫【著】

Econometric Analysis of Innovation
Yasuo Nakanishi

専修大学出版局

はしがき

　現代社会は携帯電話やインターネットに代表されるように，技術の進歩は著しく，絶え間なく技術革新が進展し，より新しい技術が出現しては消えていく。こうした技術革新は人類の進歩をもたらし，私たちはそうした社会に存在している。技術進歩は，生活上の小さな改善から複数の国家間における技術の革新まで多様な状況からもたらされているが，本書では現代に存在する企業の視点から論じていきたい。

　現代の企業は，市場においてきびしい競争のもと活動している。企業活動をより有利にしていくためには他社からのなんらかの優位性が必要であり，そうした優位性が企業の競争，成長におけるいっそうの発展をもたらすことになる。優位性は Porter（1990）によればいくつかの観点であげられるが，本書ではイノベーションをとりあげて考察していく。イノベーションは，企業によっておこなわれるが，主に新製品の開発といったいわゆるプロダクトイノベーション型のイノベーションと生産技術の効率化のようなコストリダクション型のイノベーションに分かれるが，本書では主にコストリダクション型のイノベーションを中心に考えている。

　イノベーションを生じさせるには，何らかの工夫が必要である。ただ工夫は簡単にできるものではなく，工夫自体に従事することによって生じ，それは主に教育や研究の中で発生する。そうした行為が研究開発活動（Research and Development, R&D）といわれるものである。したがって企業は研究開発活動を盛んにおこなうことによって競争，成長における優位性を確立しようとする。するとどの企業でも盛んに研究開発活動をおこなうようになり，もしかすると社会的には過剰になるかもしれない。Schumpeter（1942）はすでにいわゆるシュンペーター仮説において，研究開発の過剰性を論じている。そこで本書の目的の一つは，企業の研究開発活動が社会的に効率的におこなわれているかと

いうことである。

　研究開発は，毎期おこなわれる投資の性質を持つが，企業のコストに影響を与えるのはその研究開発ストックである。近年では，情報技術のいわゆるIT（Information Technology）の発展が目立っている。そこでIT資本をイノベーションの具体化したものとして取り上げる。IT資本の存在により，多くの行程が効率的になるということである。また研究開発やITはそのままでは，せっかく優れたアイデアを使っていても模倣されてしまう。したがって特許（パテント）によって政府が管理することになる。そこで特許もイノベーションを表すものとして取り上げる。よって本書では，イノベーションを研究開発，IT，特許の3種類の方向から解明していく。

　このような研究開発，IT，特許といった存在はある種の情報である。そこで通常の財とは異なって，こうした財は，その存在自体が外部性を発生する。たとえばある費用削減の方法は他の会社がまねすることができるかもしれない。そうすると他の会社は無料でできることになる。これが外部性であり，以前よりイノベーションには外部性の存在がいわれていた。そこで本書の第二の目的は外部性の解明にある。まず外部性が存在するかどうか確かめ，その影響を調べることである。

　本書は一貫して，ミクロ経済理論を基礎にしてより理論にそくし，実際のデータを利用して計量経済学の手法を駆使し実証分析をおこなっていく。そしてなんらかの政策的なインプリケーションをあたえていく。したがってミクロ経済学の考え方のもとで枠組みを作り，特に近年発展している個票データの分析を可能にするため，よりマイクロなデータを収集し計量経済学の方法を用いてモデルの推定，検定をとおして仮説のテストと分析をおこなっていく。

　本書は主に筆者の専修大学勤務での研究が中心であるが多くの方に負うところが多い。本書の第4章の規制の分析は，乾友彦先生（日本大学）との共同研究がもとになっている。また第7章，第8章では，山田節夫先生（専修大学）との共同研究がもとになっている。それらの利用を快諾していただき感謝したい。本書のもとになっている研究は，日本経済学会，日経センター，経済産業研究所（RIETI），土井教之先生（関西学院大学）を代表とする科研費の研究

はしがき

会等の発表で討論者や参加者から多くの有益なコメントをいただいている。ここでお礼を述べたい。

　筆者はそのほかにも多くの方に支えられている。埼玉大学経済学部においては，貝山道博先生に指導していただいた。はじめて経済学にふれるスタートにおいて筆者に国際的にスタンダードな方法で導いていただいたことに感謝している。筑波大学大学院では，小田切宏之先生（公正取引委員会）に指導していただいた。産業組織論について体系的に教えていただき，また論文の書き方もゼミをとおして教えていただいた。しかしながらそれ以上に研究に対する姿勢，研究者としての意識の持ち方など根幹に関わることを学ばせていただき，筆者の研究者としてのお手本と思っている。さらに故太田誠先生に実証分析のアプローチの方法，また故久保雄志先生からはミクロ経済学，論文の書き方を指導していただくだけでなく，大学院生としての生活面も含めていろいろなアドバイスをいただき，長い時間を筆者との相談の時間に使っていただき大変感謝している。故小口登良先生には大学院のときだけでなく，その後先生が専修大学に移られてからもご指導していただいた。お三人ともに本書をお見せできないのが残念である。大谷順彦先生には，大学院の読書会をとおしてご指導していただいた。あの読書会で採用された本がある程度ではあるが理解できたことに感激した。黒田誼先生には，在学中だけでなくトランスログのモデルについて卒業後にもご指導していただいた。林文夫先生（一橋大学）には，お忙しい時間をさいて読書会を行っていただいた。このように筑波大学は，当時海外から帰ったばかりの教員の方が多く，極めて刺激的で満足できる大学院生活を送ることができた。

　電力中央研究所経済研究所では，実際の研究員として研究活動をおくることになったが，筆者はまだ十分な研究者としての能力が身についていなかった。当時のメンバーは，どなたも大変優秀で筆者はまだ基礎力も乏しく，ここでやっていけるか不安になった。その中でも大林守先生（専修大学）と伊藤成康先生（武蔵大学）に多くの点でご指導いただいた。お二人から可能な限り多くのことを吸収しようと努力したが，大林先生からは主に双対性の理論と国際的な研究者としての姿勢，伊藤先生からは理論・計量経済学の基礎部分全般につい

iii

てまたトランスログのプロジェクトなどの共同研究を通じて，モデル分析の方法を教えていただいた。特にトランスログのモデルは，本書でも中心の一つである。服部恒明先生（電力中央研究所），櫻井紀久先生（電力中央研究所），中馬正博先生（西南学院大学），松川勇先生（武蔵大学），森川浩一郎先生（近畿大学）にも感謝している。また現在でも門多治先生（電力中央研究所）にはマクロ経済についてご指導いただいている。当時のプロジェクトでは真殿誠志先生（専修大学）には，共同研究者としてまた現在では同僚として多くを負っており感謝にたえない。同時に根本二郎先生（名古屋大学）のご指導に感謝している。真殿誠志先生，根本二郎教授との共同研究は，有意義で楽しいものであったが，特に共同論文が国際学術誌に掲載されたことは特筆すべきことで，筆者の最も重要な研究の一つである。

エセックス大学大学院では，指導教官であったSimon Price先生（City University）のご指導に感謝している。本書には収めることができなかったが，雇用調整の分析で，当時始まっていたユニットルートやコインテグレーションの方法を示唆していただき，その論文である程度の成果を出すことができた。Sajal Lahiri先生（Southern Illinois University）には，生活面も含め大変厚くもてなしていただいて感謝している。また故Albert Bergstrom先生にもご指導していただき感謝している。

国民経済研究協会では，マクロ経済の見方やデータについて成田淳司先生（青山学院大学）に全面的に指導していただいた。本川裕先生（アルファ社会科学）からデータ分析の方法等をご指導いただいたことに感謝している。

帝塚山大学の専任講師に就任し，大学での研究生活が始まったが，なかでも岡村誠先生（広島大学）には，多方面において現在もご指導していただいている。多くの質問，相談，コメントに対応していただいているだけでなく，たくさんの優秀な研究者の方をご紹介していただいた。筆者が現在研究活動をおこなっていけるのも，岡村教授からの刺激がなければ成り立たないと思う。また本書は，いろいろの意味で岡村教授のおかげであり，先生なくしては本書はなかったであろう。故池田尚司教授からも特に理論的な部分でしばしばご指導していただき生活面でも岡村先生とともにお世話になった。今もご相談できたら

はしがき

と思ってしまうのが残念である。故建元正弘先生には，電力中央研究所時代からご指導していただき，帝塚山大学でもお世話になった。そのほか故斉藤光雄先生，畠中道雄先生，小泉進先生，跡田直澄先生（嘉悦大学），石澤末三先生（帝塚山大学），木村光彦先生（青山学院大学），上島康弘先生（甲南大学），林宏明先生（関西大学）にご指導していただいた。

専修大学では現在も勤務しているが，山田節夫先生との間ではじまった特許の研究に関する共同研究とそれに付随したミーティング，以前からの共同研究者の真殿誠志先生とのディスカッションは筆者の研究活動においてきわめて有益である。また特に近代経済学のグループの方のご指導に感謝する。

科研費のプロジェクトでは，代表である土井教之先生（関西学院大学）をはじめとして，多くのメンバーにお世話になってよい刺激をいただいている。特に新海哲哉先生（関西学院大学）には，いろいろな機会をつくっていただき感謝していると同時に研究者としての姿勢にいつも刺激を受けている。

本書が出版できるようになったのは，故清野一治先生（当時早稲田大学）のご指導が出発点になっていて，多くのコメント，示唆に富んだご指導をいただいた。また須賀晃一先生（早稲田大学）には出版が可能になるまで温かく導いていただいた。さらに最終的な出版に関しても岡村先生に負うところが多く，皆さんのお力がなければ出版は困難だったと思われる。ここに記して感謝したい。また本書は平成25年度専修大学図書刊行助成によって出版されている。このような機会を与えてくれた専修大学に感謝する。そして，本書の刊行に笹岡五郎氏に多大なるご尽力をいただいた。深く感謝したい。

最後に私事になるが，筆者を支えてくれている家族に感謝する。

平成25年11月　中西泰夫

目　次

はしがき

第1章　序 …………………………………………………………… 1

第2章　イノベーションの現状 …………………………………… 11
  2.1　研究開発　*11*
  2.2　IT　*16*
  2.3　特許　*18*
  2.4　まとめ　*21*

第3章　研究開発の最適性 ………………………………………… *23*
  3.1　イノベーションの過小性　*23*
  3.2　研究開発の最適性についての背景　*28*
  3.3　モデル　*29*
  3.4　推定結果　*31*
  3.5　結語　*35*

第4章　規制とイノベーション …………………………………… *37*
  4.1　産業の成長と生産性とイノベーション　*37*
   4.1.1　市場構造とイノベーション　*37*
   4.1.2　分析の背景　*40*
   4.1.3　先行研究　*41*

4.1.4 規制のデータ　*42*
  4.1.5 モデルとデータ　*44*
  4.1.6 まとめ　*49*
4.2 ハイテク企業における規制とイノベーション　*49*
  4.2.1 はじめに　*49*
  4.2.2 モデル　*51*
  4.2.3 結果　*52*
  4.2.4 結語　*55*

第5章　IT 資本のマクロ経済への貢献に関する分析 ……… *57*

5.1 はじめに　*57*
5.2 モデル　*61*
5.3 データ　*62*
5.4 推定結果　*63*
5.5 むすび　*69*

第6章　IT 資本と雇用に関する分析 ……… *71*

6.1 理論的方法　*71*
6.2 はじめに　*72*
6.3 モデル　*73*
6.4 推定結果　*74*
6.5 結語　*77*

第7章　日本のハイテク産業の企業の市場価値と特許の質 ……… *79*

7.1 企業の市場価値　*79*
7.2 日本のハイテク産業の企業の市場価値と特許の質　*80*
  7.2.1 はじめに　*80*

7.2.2　モデル　*82*

7.2.3　データ　*83*

7.2.4　全産業の推定結果　*84*

7.2.5　産業別の推定結果　*87*

7.2.6　外部性を考慮した分析の推定結果　*90*

7.2.7　結語　*92*

7.3　生産にもとづく資産選択モデルによる研究開発の分析　*93*

7.3.1　はじめに　*94*

7.3.2　モデル　*95*

7.3.3　データと推定方法　*96*

7.3.4　推定結果　*97*

7.3.5　結語　*100*

第8章　特許の陳腐化率の計測 …………………………………*103*

8.1　はじめに　*103*

8.2　モデル　*105*

8.3　データ　*106*

8.4　結果　*107*

8.5　結語　*111*

第9章　研究開発の産業間スピルオーバーに関する分析…………*113*

9.1　外部性　*113*

9.2　寡占市場と研究開発のスピルオーバー　*115*

9.3　はじめに　*117*

9.4　モデルの構造　*119*

9.5　データと推定の方法　*121*

9.6　結果　*122*

9.7　むすび　*128*

第10章　IT資本のスピルオーバーに関する分析 …………… *131*
　　10.1　はじめに　*131*
　　10.2　モデル　*133*
　　10.3　推定結果　*134*
　　10.4　むすび　*139*

第11章　特許のスピルオーバー ………………………… *141*
　　11.1　はじめに　*141*
　　11.2　モデル　*142*
　　11.3　結果　*143*
　　11.4　結語　*148*

第12章　おわりに ………………………………………… *151*

参考文献　　*157*

第1章 序

　本書は，イノベーションが企業の市場における競争に，どのような役割をはたしているかを実証的に明らかにすることが目的である。特にイノベーションを研究開発，特許，ITとして取り上げており，そうしたイノベーションが企業行動，つまり企業の利潤，費用構造，生産性，他のイノベーションに対して与える影響を定量的に確認することである。より具体的には，第一に，イノベーションは，市場構造とどのような関係を持つか，企業の市場価値や生産性にどのように貢献するか。第二にイノベーションは，スピルオーバーをもたらすのか。またもたらすとしたらスピルオーバーの影響はどのように企業行動に影響するか定量的に測定する。そしてイノベーションの企業行動における役割を実証的に解明した。本論文では，第一に市場の競争性が増すほどイノベーションが活発になり，生産性および企業価値の上昇や省力化に貢献する。第二に研究開発，特許，ITのイノベーションのスピルオーバーが存在すること，また企業の利潤，費用構造，生産性に寄与していることが実証的に明らかになった。

　私たちの現在の生活は，多くが過去とは異なる環境におかれている。その理由は，財の構成や社会のシステムが，過去とは異なっていることによる。一般に財の構成や社会システムは，改善されている事が多く，そのような改善は，広い意味でイノベーションにもとづいている。広い意味でのイノベーションは，利潤を追求する企業や個人のインセンティブから発生している。市場経済では，財の差別化とコストの削減が，他企業，他者との差異を生じさせるためにとても意味があり，そうした個人や一企業のイノベーションが社会全体の変動と成長を規定していくことになる。したがってイノベーションは，大変重要であり，イノベーションの構造について解明していくことは意義のあることである。

　イノベーションは，個々の財に関しては，具体的に認知できることも多いが，

財全般やマクロ的には定量的なデータとして表現することは困難である。イノベーションは，企業において多くの場合生じるが，具体的には，一人一人の企業活動における工夫であり，それはいわゆる研究開発行動である。研究開発は，新製品の開発や費用削減のためにおこなわれる。企業における研究開発活動は，フローの性格のものではなく，企業や研究者に蓄積していくストックの性格をもっているものである。そこで第一にそうした研究開発ストックが，イノベーションを表していると考える。

企業の研究開発投資は，多くの支出をおこなっても成果が出ない場合があるが，逆に少ない研究開発投資でも成果が出る場合がある。そこでイノベーションを表すものとして，研究開発ストック以外のものも考えられる。成果として出たものとしては，特許が考えられる。特許は，企業の研究開発ストックから生み出されたものだが，政府の特許に関する部門が権利を保障することによって，企業が生産活動に独占的に活用できるものである。よって第二に特許がイノベーションをあらわすものとすることができると考えられる。

さてここまで取り上げたイノベーションの指標は，財の種類・産業の違い，また時代的な変遷にあまり影響を受けない一般的な指標である。しかしながら特徴のある指標も重要であろう。近年では，技術の発展としてITがあげられる。そこでITをイノベーションの指標として考えることも可能であろう。そこで最後にITをイノベーションの指標としてとりあげる。

このようなイノベーションは，企業のイノベーション投資によって生み出される。したがってイノベーション投資が何によって決定されるかに興味がわく。イノベーション投資は，イノベーションは生産要素の一部と考えれば，派生需要の一つとして規定できる。しかしながらそれだけでなく，市場構造の違いにより，イノベーション投資に違いが出る可能性もある。また企業の最適化行動が静学的ではなく動学的な場合はまた違いがある。そしてそうして投資されるイノベーションが，企業の利潤，費用，生産要素需要に影響を与えることになる。

またイノベーションは，他の生産要素と大きく違うところは，イノベーションは，それを行わない企業や研究者に対しての場合でも，スピルオーバーを伴

って影響を与えるということである。これは，他の生産要素にはない特徴である。それはイノベーションは，無形資産の形態であるからである。しかしながら，そうしたスピルオーバーは本当に存在しているのかどうかは，統計的な検証が必要である。またそのようなスピルオーバーが存在するとしたら，企業はどのような影響を受けるのかは，企業の経営者，政策を含めて興味があるところである。したがってスピルオーバーの検証を定量的に詳しく調べていく。

本書は前半では，イノベーションと市場構造の分析として，研究開発，特許，ITと市場構造や企業行動つまり費用構造，企業価値，生産構造との関係を実証的に分析している。後半では，イノベーションの外部性について，研究開発，特許，ITがスピルオーバーを生じさせているか，またスピルオーバーが存在するとしたら，企業行動にどのような影響があるかを，費用構造，企業の市場，イノベーション投資への影響について実証的に分析を行っている。

第2章においては，研究開発，IT，特許について，現実のデータを使っていままでの動向を分析している。まず研究開発に関しては，研究開発投資は，ほぼ一貫して増加しているものの近年ではその増加は鈍化傾向にある。これは，近年の企業の経営環境の厳しさ，政府の科学技術に関しての予算の増加の鈍化と関連している。研究開発投資はGDPと関係がある可能性がデータから示唆されている。世界的には，米国の半分にすぎない量ではあるが，その他の国よりははるかに多い投資額である。産業的には均一ではなく，医薬品，化学，機械，電気，電子といった分野について盛んに行われている。

次にITは，ほぼ一貫して増加しているが近年も盛んに増加している。ITは現在では，コンピューターへの需要は一時期ほどではないものの，インターネットや通信を含めて盛んに投資されている。GDPとみてみると関連性はあることがわかるが，GDPの変動に比べて変動が大きい。産業別には，ITそのものを製造している産業のIT投資が最も多い。その次に機械関連と医薬品で投資が多いことがわかった。

最後に特許に関しては，国内での特許の出願件数は低下している。これは，研究開発が重要になっている現在ではおかしいかもしれないが，PCT（Patent Cooperation Treaty：特許協力条約）出願では増加していることがわかる。こ

れは海外での特許出願がより重要になっているからである。また多項性の改善があり，複数の出願が1回の出願でできるようになったからである可能性もある。GDP と比べてみると，関連性がなさそうな期間もあるが GDP の動きと同じ方向になっている期間が多い。このようにこの論文で取り上げる主要な研究開発，IT，特許に関してのデータ分析を行った。データからはこれらの変数は重要であり，今後も増加が続くであろうことが予想される。また GDP とは関連が深く，同時決定的な関係がある。ここでは，GDP 以外に考えられる要素は考察されていなかった。またそれらの動向に関する他の影響も考えられる。そうした点をふまえた上で，より問題点がはっきりするように次の章から実証分析を行っていきたい。

　第3章から第8章までは，イノベーションと市場構造の分析がおこなわれる。第3章では研究開発の効率性，第4章ではイノベーションと規制，第5章では IT 資本と経済成長，生産性，第6章では IT 資本と雇用，第7章では特許と企業の市場価値，第8章では特許の陳腐化率に関しての分析がおこなわれる。

　第3章は，研究開発資本の最適性に関しての実証分析であり，研究開発と市場構造の関係が明らかにされる。日本の製造業に関して費用関数が定義されて，一般化レオンチェフ関数による双対性を使用した方法で分析がおこなわれている。推定の結果は，以前は研究開発資本は過小であったが，近年では研究開発資本は過剰になっているというものだった。市場の競争性は，製造業全体では，高まってきている。また規模の大きい産業と小さい産業では，規模の大きい産業の方が競争性が高いことを示していた。さらに成長性の高い産業と低い産業では，高い産業において競争性が高かった。この研究の実証結果より市場において研究開発は過剰であるか，過小であるか時系列的にはどちらの場合もあることがわかった。ただ市場がより競争的，効率的である方が研究開発はより活発に行われるという結果が得られており，規制緩和による市場の効率化が求められる。市場はより競争的であるほど，市場の拡大，成長をもたらすことがわかった。

　第4章では，研究開発，IT と生産性，規制に関する分析が実証的に調べられ，特に規制の役割を詳しく分析している。分析手法としては，産業別のパネ

ルデータによる分析である。まず日本の農業以外の全産業について，規制を測定する定量的な指標を開発した。それによると規制緩和は進展している。ただしそのスピードは遅いといえる。まず全産業に関しての分析をおこなった。イノベーションとしてTFP（全要素生産性），研究開発を取り上げていて，ともに有意な結果であった。規制の緩和がイノベーションをもたらすという結果であった。

次に，医薬，化学，電気機械，精密機械，輸送用機械産業のいわゆるハイテク産業を取り上げている。この節の分析では，イノベーションについては，同様に研究開発とTFPを取り上げている。特にTFPについては，われわれの生産関数をもとに計測されたものであり，近年上昇している。イノベーションと規制の間には，有意な関係が得られ，規制緩和が進展するとイノベーションが促進されるという結果が得られた。この章の分析は，前章である第3章とも関連している。第3章と同様に市場の競争性がイノベーションを進展させるという結果と整合的であり第3章の結果を補強している。

第5章では，ITと生産性，経済成長との関係が分析された。ITが生産性の向上，経済成長へプラスの貢献をしているのか実証的に確かめられる。ここでは，双対性のもとで資本の調整を考慮した可変費用関数が用いられている。そしてITが，労働生産性の増加とGDPの成長に有意に貢献していることがわかった。ただしデータの制約上，分析のより新しい時期では明確ではなかったが，より以前であれば明確に貢献している。もちろん資本，TFPも貢献している。

第6章では，ITに関する分析がなされ，IT資本と労働の関係が調べられる。双対性から定義された費用関数による分析で，ITと生産要素の関係が定量的に計測される。ITに代表されるイノベーションが，労働に対して，プラスに作用するかマイナスに作用するかが検証され，IT資本は，雇用者数の削減をもたらしていることがわかった。つまりITによるイノベーションの影響のために，省力化がより進展して，労働者が削減されることになっている。この章の中では，イノベーションの影響を，企業の生産，利潤に対する影響として考えてきたが労働に関しても影響しており，そうした観点も重要であることがわ

かった。

　第7章では，市場における企業の価値とイノベーションに関しての実証分析で，研究開発，特許と企業の市場価値がトービンのqを用いて分析され，また生産者ベースの資産価格決定モデル（Production Based Capital Asset Prising Model：PCAPM）を用いて分析している。

　第1節で，qのモデルを使いながら，市場における企業の価値とイノベーションの関係について分析されている。イノベーションに関しては，研究開発だけでなく，この章では特に特許を取り上げている。特許については，データのアベイラビリティから日本では，従来ほとんど実証分析はおこなわれていなかった。ここでは，特許のストック化に関して厳密に処理されたデータが作られた。また特許だけでなく企業の異議申し立てを特許の質をあらわす変数としてオブジェクションという変数名で導入している。この結果，従来の研究開発だけでなく，特許のストックが企業価値に有意に関係しており，さらにオブジェクションも有意に関係していたのがわかった。この章では，研究開発だけでなく特許も重要であることが確認された。この章の分析は，従来から行われているオーソドックスな方法であり，日本における検証になっている。ただもっと最新の分析手法が必要であり，次の節でそれは行われる。

　そこで第2節で，企業の市場価値とイノベーションについて，生産者ベースの資産価格決定モデル（PCAPM）を用いて分析している。特に企業の株価と研究開発ストックの関係を実証的に分析している。研究開発ストックの増加が株価に対してどのような影響を与えているか調べている。この分析は，ミクロ的基礎があり，そのためPCAPMの研究開発ストックを考慮した拡張になっていて，PCAPMの適用性のテストでもある。推定結果から，日本のハイテク産業では，PCAPMが適用可能であることがわかった。また株価と研究開発ストックの関係も定量的に計測することができ，特に電気機械産業では最もその値は大きいものであった。この節では，前節を受けており拡張にもなっている。最新のモデルによっても研究開発の株価に対する影響が確認された。本書では，特許や研究開発に対して，ストック化する際に，固定された陳腐化率を使用した。しかしながら陳腐化率は，そうした固定係数ではない可能性もある。そこ

で陳腐化率に関して分析する必要があり次章でおこなわれる。

　第8章は，特許の陳腐化率に関する分析である。一般の資本ストックが減耗していくように，特許もストックとして減耗していく。ただ特許の場合には，それを特に陳腐化率ということが多い。従来は何らかの関数に当てはめて陳腐化率を決めていた。これは一般の資本ストックの減耗率を計測する場合と同じである。特許の場合は，保有することによって維持年金と呼ばれる費用が発生するためこの維持年金と特許の陳腐化の関係を利用して，分析を行うことができる。従来は，特許の更新を連続変数として回帰分析を行ってきたが，われわれは，離散変数として取り扱い，オーダードプロビッドモデルによって計測をおこなった。その結果，従来使われている陳腐化率がかなり低い値であること，産業によって値は異なっていることがわかった。またこの陳腐化率を使うことにより特許の価値を計測することができる。計測された特許の価値は，先行研究と比べて大きい値であった。

　次の第9章から第11章までは，イノベーションのスピルオーバーに関する分析である。第9章では研究開発のスピルオーバーに関する分析であり，第10章はIT資本のスピルオーバーに関する実証分析であり，第11章では，特許のスピルオーバーに関する分析である。

　第9章では，研究開発資本の産業間のスピルオーバーについての分析である。日本の製造業の10産業に関しての分析である。双対性にもとづいたトランスログ費用関数による分析である。まず研究開発資本のスピルオーバーに関しての定量的な指標を作成した。次にこの研究開発資本のスピルオーバーの変数をトランスログ費用関数に導入して可変費用関数を作成して分析をおこなった。その結果，各産業の費用に対して研究開発のスピルオーバーが貢献していることがわかった。したがって研究開発資本のスピルオーバーが生じていることがわかった。理論的に研究開発のスピルオーバーの重要性が唱えられていたが，実証的にもその存在が証明された。また定量的にスピルオーバーのコストに対するインパクトが得られており，比較的大きい影響があることがわかる。

　第10章では，ITのスピルオーバーに関する分析を行っている。イノベーションの指標としてIT資本を取り上げている。IT資本は，他のイノベーション

の指標に比べて近年出現したものであり，注目されているものである。この章では，第9章の研究開発の産業間スピルオーバーでおこなった手法とほぼ同様の方法によって分析が行われている。分析の結果，ITのスピルオーバーに関する変数はそのほとんどが有意であった。したがって，ITのスピルオーバーの存在が確認されたといえる。費用のITのスピルオーバーに対する弾力性を計測してみると，ITのスピルオーバーが，費用の削減をもたらしていることがわかった。この章では，ITの重要性が定量的に確認された。ITにおいてもスピルオーバーの存在が証明されており，第9章の研究開発と同様に，イノベーションはスピルオーバーをもたらすことがロバストであることがわかった。

第11章では，特許のスピルオーバーに関する分析を行っている。イノベーションの指標として，特許を取り上げている。特許，研究開発がスピルオーバーを生じているのか，また生じているとしたらどのくらいのインパクトを持つのかを，定量的に計測してテストしている。ここでは，スピルオーバーを特許と研究開発のそれぞれについて，産業間と産業内の場合について定義して作成している。そして実証分析に使用している。結果はスピルオーバーは，一部のモデルで有意でない場合も存在するが，多くの場合統計的に有意であって，その存在が確認できた。第9章では，研究開発のスピルオーバーを双対性のもとでのモデルで分析したが，この章では，個々の企業のパネル推定を行っている。そこでもスピルオーバーの存在が確認され，ロバストな結果であることがわかった。

最後の章では，全体に関しての結論的覚え書きが述べられた。この研究では，研究開発，特許，ITのイノベーションが，企業の市場における競争にどのような役割をはたしているかを実証的に明らかにすることが目的であり，第一に市場の競争性が増すほどイノベーションが活発になり，生産性および企業価値の上昇や省力化に貢献する。第二に研究開発，特許，ITのイノベーションのスピルオーバーが存在すること，また企業の利潤，費用構造，生産性に寄与していることが実証的に明らかになった。さらにこの分析ではマクロ的な視点と政府の競争政策に関する分析はおこなえなかったことは反省点であり今後の研究に対しての課題である。

初出一覧

本研究は，以下の論文をもとにして大幅に加筆，修正して書かれている。

第1章，第2章

・書き下ろし。

第3章

・Nakanishi, Y. "The Optimality of R&D and Competition: Industry Evidence from Japan." *Empirical Economics Letters* 8(2009): 683-89.

第4章

・中西泰夫，乾友彦（2003）「サービス産業の生産性と研究開発・IT・規制」宮川努編『産業空洞化と日本経済』日本経済研究センター，93-109。

・中西泰夫，乾友彦（2008）「規制緩和と産業のパフォーマンス」深尾京司，宮川努編『生産性と日本の経済成長－JIPデータベースによる産業・企業レベルの実証分析』東京大学出版会，203-220。

第5章

・Nakanishi, Y. "IT Capital and Economic Growth in Japan." Munich Personal RePEc Archive MPRA Paper No.34178, 2011.

第6章

・Nakanishi, Y. "Employment and IT Capital in Japan." *Applied Economics Letters* 9(2002): 865-867.

第7章

・Nakanishi, Y. and Yamada S. "Market Value and Patent Quality in Japanese Manufacturing Firmsin." Munich Personal RePEc Archive MPRA No.10790, 2007.

第8章

・中西泰夫，山田節夫（2010）「特許の価値と陳腐化率」『東京大学社会科学研究』第61巻2号：79-96。

第9章

・Nakanishi, Y. "Empirical Evidence of Inter-Industry R&D Spillover In Japan."

Journal of Economic Research 7 (2002): 91-104.

第10章

・Nakanishi, Y. "Empirical Evidence of Externalities of IT Capital in Japan." *Economics Bulletin* 15 (2005): 1-11.

第11, 12章

・書き下ろし

第 2 章 イノベーションの現状

　この章では，わが国のイノベーションの現状を，研究開発，IT，特許それぞれに関して実際のデータから概観していく。そしてそれぞれのマクロレベルでの時系列的な動向と，産業別に分解して産業ごとの特性を考慮した場合に関しても調べていく。近年の傾向と GDP との関連性を調べ，分析する際の産業の異質性についても調査する。その結果，研究開発投資は，ほぼ一貫して増加しているものの近年ではその増加は鈍化傾向にあり，IT はほぼ一貫して増加しているが近年も盛んに増加している。特許は，海外での特許出願も考慮したPCT 出願で増加していることがわかる。研究開発，IT，特許ともに産業としては，医薬品，化学，機械，電気，電子といった分野について盛んに行われていて，GDP とも関連が深く，同時決定的な関係がある。

2.1　研究開発

　研究開発に関するデータは，いくつかあるがここでは，総務省から発行されている科学技術調査報告のデータを取り上げる。科学技術調査報告は，企業，大学，その他の研究機関の研究開発にたいする支出（人件費，資本費等に分類されている）や研究開発に対して従事している研究者数を研究開発の性質別や企業の産業・規模別のデータとして収録している。本来は調査票は企業・団体別であるが一般には集計されたデータのみ使用が可能である。この中のデータの全産業の研究開発費を，わが国の研究開発の状況を示す指標として採用する。

　図2.1が研究開発費の推移を示している。このグラフからみると1990年から1992年にかけて上昇し，しばらくあまり変化せず減少もあったが，1995年から少しの停滞をはさんで2005年まで上昇している。特に2000年以降はより安定的

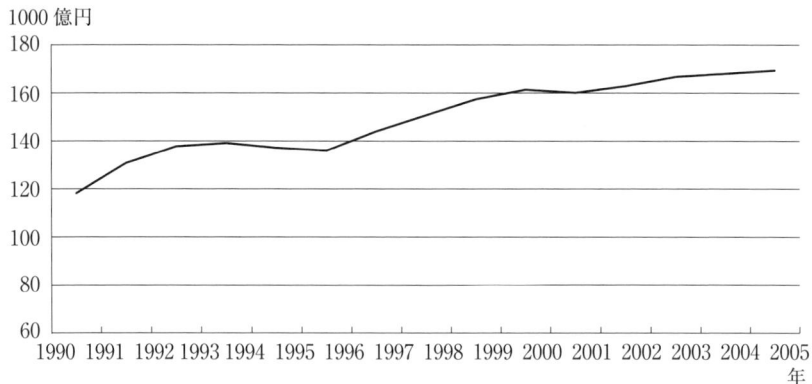

図2.1　日本の研究開発費の推移

出所：「日本の長期統計」総務省統計局から作成。

に推移している。研究開発費はそれが，GDPや生産額を決定する要因の一つになっているが，逆に研究開発費は，国が研究活動に関しての予算を組むことや，企業が研究開発活動のための予算を組む関係上GDPとの関連があるものと考えられるため，GDPや生産額に決定されている。

次に図2.2はGDPと研究開発費のグラフである。このグラフからそうした相互依存性がある程度示される。したがって相互依存的な関係があるもののわが国では経済成長の鈍化と財政赤字の増加により，緊縮財政が目標となっているため，研究開発費はあまり増加を見込めないが，研究開発はわが国においてきわめて重要であるという認識のもとに，多くの増加ではないもののある程度の増加を見せている状況にある。

次に他の国との比較をみてみよう。図2.3は，研究開発費の国際比較である[1]。これをみると米国がきわめて大きい研究開発活動を行っていることがわかる。日本の倍以上で，他の国の5倍から10倍の大きさである。米国の研究開発活動の巨大さがわかる。世界的にはわが国も米国以外の国の倍以上の値であり，研究開発は十分に活発といえる。

次に研究開発費の産業別の値を図2.4で調べていこう[2]。製造業の中では，輸送用機械器具が最も大きく，次に自動車同部品製造，情報通信機器具，医薬

第2章 イノベーションの現状

図2.2 日本の GDP 成長率と研究開発費

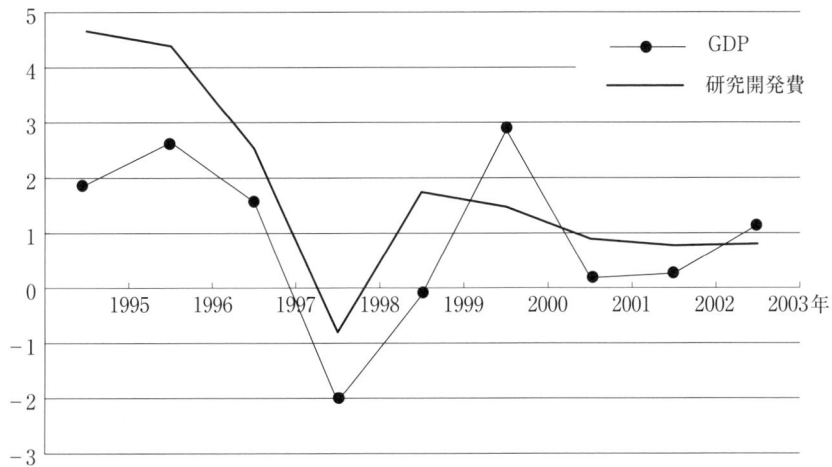

出所:研究開発費は,「日本の長期統計」総務省統計局,GDP は「国民経済計算」内閣府から作成。

図2.3 研究開発費の国際比較

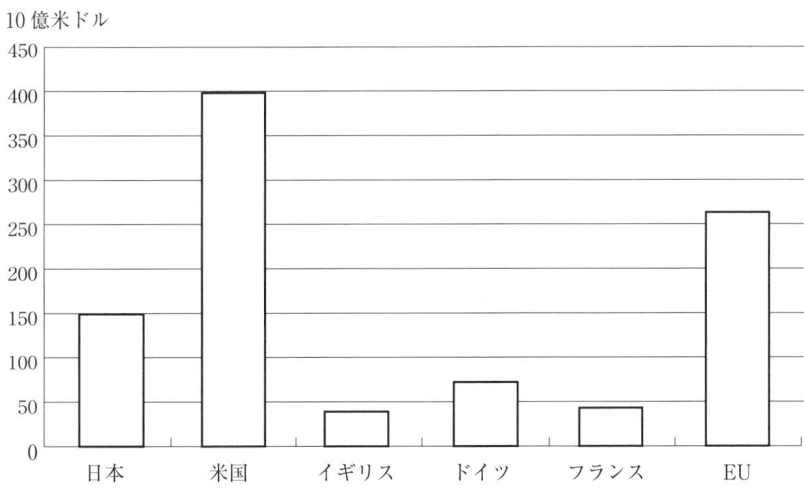

出所:「Main Economic Imdicator」OECD から作成。

13

図2.4 産業別研究開発費の比較

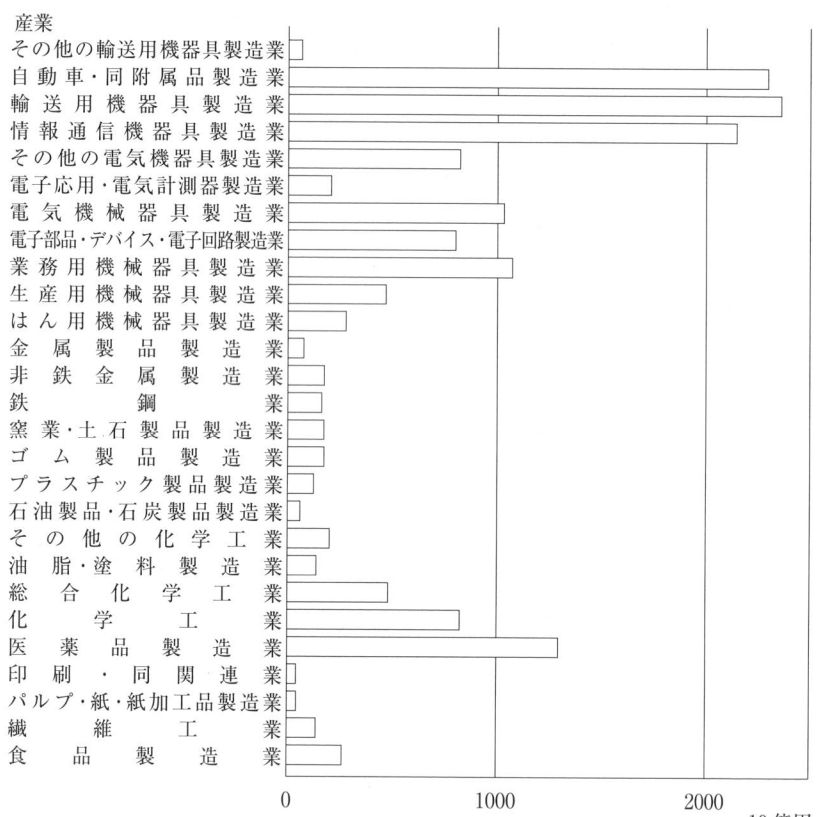

出所：「日本の統計」総務省から作成。

品が大きい値で，自動車系，電気，電子，機械系，医薬，化学系が大きい値であった。電気，電子はITを製造している産業そのものであり，自動車や機械産業はITの影響を強く受けている産業であろう。またそれぞれの生産において大きな関係性を持っている。医薬品や化学は従来より研究開発が盛んな産業である。素材産業は大きな研究開発費とはいえない結果になっている。このグラフは，研究開発費そのものの数字である。したがって規模の大きな産業はその規模の影響を受けている。そこで何らかの変数で規模を表さない指標にする

第2章 イノベーションの現状

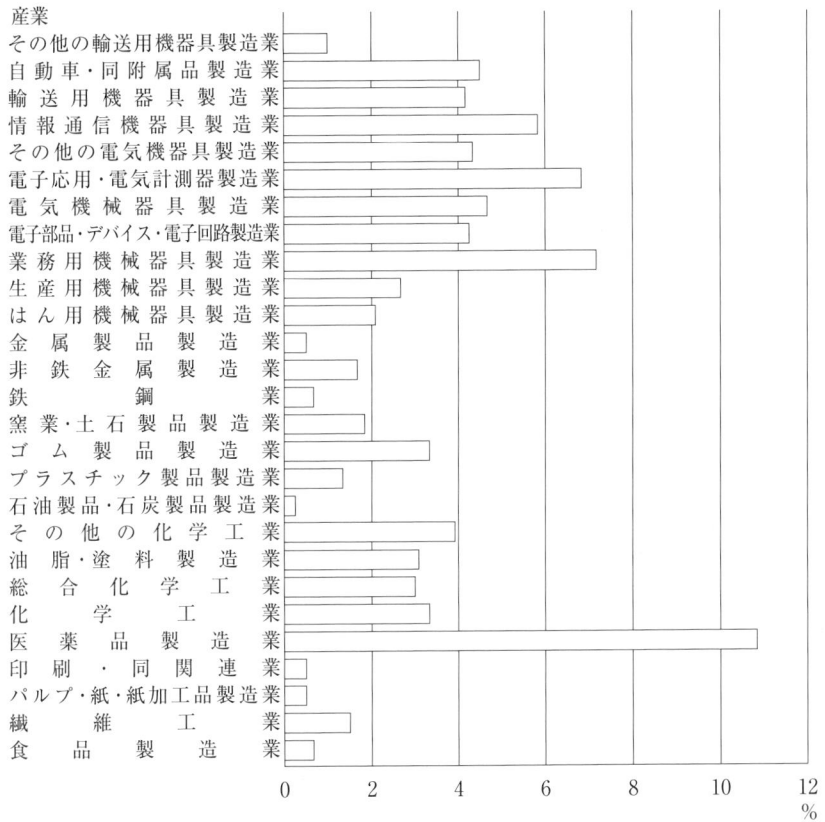

図2.5 産業別対売上高研究開発費の比較

出所:「日本の統計」総務省から作成。

必要もあろう。

　次に図2.5を見て研究開発費の産業別の値を調べていこう。すべて対売上高の値である。したがって規模の影響は排除できている。製造業の中では，医薬品工業が最も大きく，次に業務用機械器具，電子部品等，情報通信機器工業が大きい値であった。機械工業は全般に高い値であった。医薬品工業では，新しい薬品の開発が重要で，開発が成功すればそれだけでかなりの利益を上げることもあって開発競争が激しい。そうした研究開発の重要性を表している。機械

15

工業全般はかなり高い値であり，研究開発が重要であることがわかる。全体的に，素材系の研究開発が大きくないことがわかる。こうした産業では研究開発よりも原料費などのコストがより重要であろう。

以上のことから，研究開発は，GDPと強い関係があることがデータからも確認された。したがって研究開発を調べるためには，まずGDPや生産額との関係を計量的に調べる必要がある。さらにここではその他の要因は排除されていた。よって他にも影響を与えるであろう変数を考慮する必要がある。また研究開発は特にいわゆるハイテク産業で多く行われている。そこで，そうした産業を中心に分析する必要もあるだろう。この節では，研究開発活動をイノベーションとして考えてきた。研究開発活動はそれなりに以前より行われているが，より近年のインターネットに代表される世界でのイノベーションは，研究開発以外にもITなどで表されると考えることもできよう。次節ではITについて調べる。

2.2 IT

いわゆるITは，コンピューターやそれに伴う通信機器などを含んでおり近年著しく発展している分野である。このITは，ITそのものが新しいものでありイノベーションを示すといえよう。ITはいろいろな分野の製品を含む総称であるため定義は重要である。定義は以下のようになる。

ITを産業連関表の項目で定義し，大きく分けると，1995年では，電子計算機に関するものつまり電子計算機本体と付属製品，有線・無線の通信機器，複写機，その他の事務用機器，当時多かったワードプロセッサーなどである。また電気製品施設建設もあった。2000年，2005年になると調整され，パーソナルコンピューター，携帯電話機，ソフトウェア業が加わり，ワードプロセッサーがなくなったりしている[3]。

次にITの投資のデータを調べていくと，図2.6がIT投資の推移である。まずIT投資は，1990年以降しばらくはバブル崩壊の影響で投資自体は以前は同様に行われており，投資額の目立った増加はなく，変化がなかったが，1996年

第 2 章　イノベーションの現状

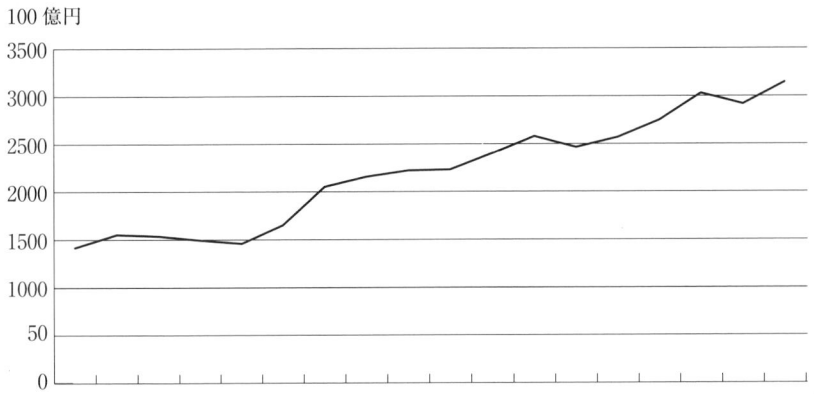

図2.6　IT 投資の推移

出所：「JIP データベース 2012」RIETI から作成。

から増加している。1996年からはそれ以前と比べて約 6 割近く増加しており，近年では倍近くに増加して高止まりを見せている。全体を通して投資の成長率で見ていくと変動が大きく循環的な変動もみせつつ増加している。

図2.7は IT 投資と GDP の関係を表したものである。IT 投資が GDP や売り上げ高の影響を受けていることを示していて，IT 投資の GDP などとの同時決定性をうかがわせている。IT 投資は，相似していない期間もあるが多くの期間では GDP の動きと関係が明らかである。GDP と比べると変動がより大きくなっている。ただこれだけでは，確定的なことはいえずより厳密な実証分析が必要になる。

次に IT の産業別データを調べていこう[4]。まず IT 投資対 GDP に関しては，1980年では，民生用の電子・電気機器が最も大きく，次に医薬品，精密機器が大きかった。1990年では重電機器と民生用の電子・電気機器が最も大きく，次に精密機器，一般産業機械，医薬品が大きかった。この傾向は1985年からすでに始まっており，その後も多少の違いはあるものの同様な傾向になっている。よって2005年でも，精密機器が最も大きく次に民生用の電子・電気機器，重電機器が大きく医薬品も大きかった。民生用の電子・電気機器，重電機器，精密

17

図2.7　IT投資とGDP成長率の推移

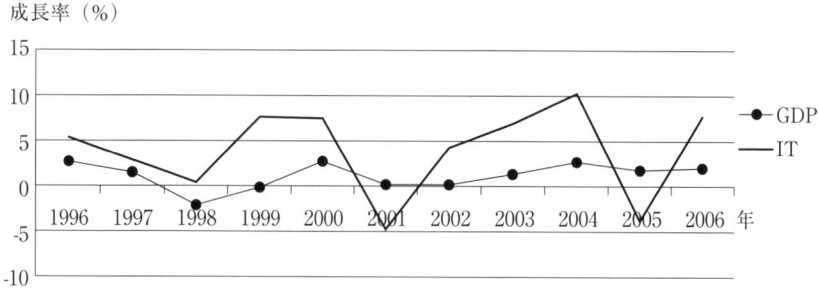

出所：ITについては「JIPデータベース2012」RIETI，GDPについては「国民経済計算」内閣府から作成。

機器はそれ自体がIT製品であることが多い。一般の産業機械や医薬品産業でも高い値を示しており，ITの影響を強く受けていることがわかる。こうしたことからITは，電気および機械産業に関して大きな影響を及ぼしていることがわかった。それらの産業では多くの財にITが組み込まれているため広い意味ではITの一つであろう。そこでITは，いわゆる一般目的資本(General Purpose Technology) といえる可能性があろう。また研究開発との関連性もデータの関係から強いことがわかった。

2.3　特許

まず特許のマクロ的な動向を見ていこう。図2.8は，特許出願件数の推移である。わが国の特許は，出願件数で見ていくと2000年と2009年を比べると，約20％の減少となっている。近年の特許出願の傾向の変化がある可能性はある。特許の申請はその技術の権利は得るが，社会的に公開されるため，情報の秘密を保持できなくなる。そこで今までのように特許をまず取っていくのではなく，秘密の保持を重視している可能性もある。さらにいわゆる「改善多項性」が導入されたため，一度の特許申請で複数の申請ができるため減少している可能性もある。

第2章　イノベーションの現状

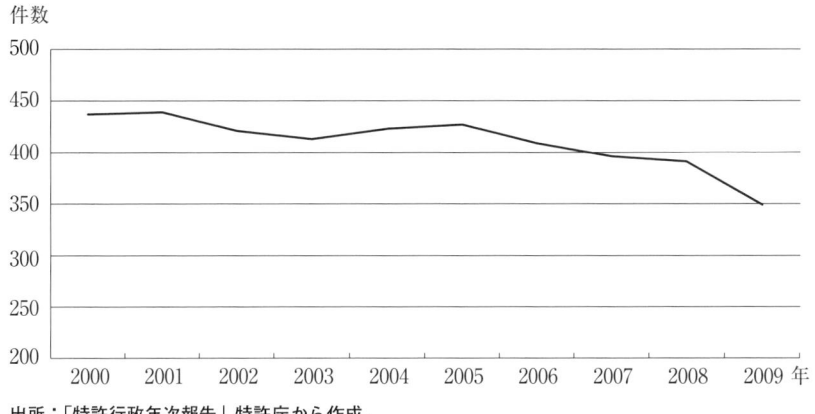

図2.8　特許出願件数の推移

出所：「特許行政年次報告」特許庁から作成。

　しかしながら国際出願で見ていくと状況は異なる。図2.9は，PCT特許出願の推移である。PCT出願特許は，2000年と比べると2009年では，約3倍に増加している。PCT出願特許は，わが国だけに特許を出願するだけでなく，多くの企業は，他国でも特許の出願を行うが，PCT（特許協力条約）に加盟していれば，1通だけ特許の出願書類を出すだけで，すべてのPCT加盟国で特許が出願されるというものである。したがって近年のように国際的に製品の販売を行う際にはとても利便性が高い方法であるといえよう。よってわが国における特許はPCT出願が利用されているのだろう。また出願主体は，個人と法人が多く，法人が最も多いが，法人は，個人の3倍弱である。官庁の出願もあるがかなり少ないのが現状である。

　図2.10はGDPと特許件数の成長率の推移である。このグラフを見ていくと，わが国のマクロ経済の低迷の影響が考えられる。特許の出願には研究開発費が必要であるため，景気の影響を受ける。分類別に見ていくと，基本的電気素子が最も多く，次に電気通信技術，計算，といったエレクトロニクス，コンピューター関連が最も多い出願になっている。ついで医学が多く，さらに写真，光学，車両，化学，機械という順番になっている。

　次に8大分野別の特許の登録数を調べていこう[5]。まず情報通信関連の特許

19

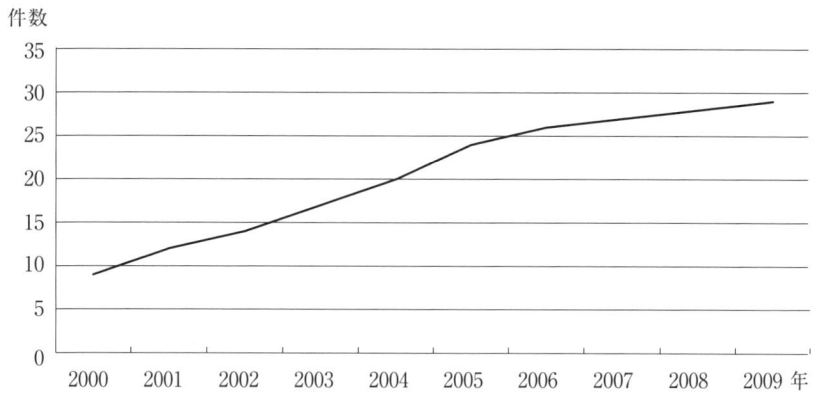

図2.9 PCT特許出願件数

出所:「特許行政年次報告」特許庁から作成。

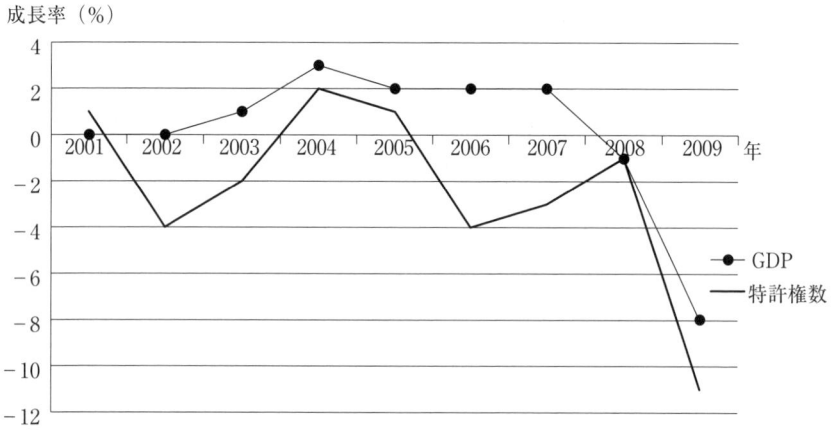

図2.10 GDPと特許件数の成長率の推移

出所:特許件数については「特許行政年次報告」特許庁，GDPについては「国民経済計算」内閣府から作成。

の登録件数が最も多い。2番目に多いライフサイエンス関連の2倍近い。ついでナノテクノロジー・材料関連の特許の登録数が多い。情報通信関連の技術は，現在ITに代表される最も先端的な分野であるためこのように多い特許数なの

20

であろう。ライフサイエンスは薬品を含むもので従来から特許数の多い分野である。情報関連分野は，米国，日本，欧州それぞれが登録数に差がある。しかしながらライフサイエンス分野に関しては，日本と欧州，ナノテクノロジー・材料関連分野では，日本と米国で接近した登録数になっている。またわが国での他国の出願は，米国が最も多く，ドイツ，韓国の順である。したがって特許からも IT の影響が強いことがうかがえる。また医薬でも大きな役割をはたしている。

2.4 まとめ

さて以上のように，研究開発，IT，特許について実際のデータを使って，マクロレベルでの時系列的な動向と，産業ごとの特性を調べてきた。マクロレベルでは，研究開発は増加はしているが，今までの増加よりは，逓減しており，研年の GDP の動向と同じように変化していた。IT については，GDP の影響は受けているものの，近年でも高い増加が見られる。これは IT の社会全体の発展が著しいためである。特許に関しては，国内での特許の出願数は低下している。これは制度的な要因によるところが強い。産業別には，すべての場合において，医薬品，電気機械，一般機械，精密機械のイノベーションが顕著である。ただ研究開発，IT，特許ごとに違いも見受けられた。

そこで，次のような課題が見いだされる。(1)イノベーションと GDP の間には関係が見られるが，そのほかの要因がある可能性がある。(2)産業別の違いは考慮して調べていく必要がある。(3)社会全体と個々の産業，企業との関係つまり外部性についても考慮する必要がある。(4)動学的な配慮も必要である。よって第一に市場構造を考えた分析を行う。第二に外部性を考慮した分析を行う。第三に動的なモデル，企業価値などと関連したモデルを構築する。

注
1) 単位は購買力平価による米ドルであり，2008年のデータである。
2) 平成21年のデータである。

3) このIT資本の定義は，IT資本について先駆的な分析であるBerndt and Morrison（1995）および日本について最も始めにおこなった篠崎（1999）の定義とほぼ同じである。
4) 以下はJIPデータベースによっている。
5) 「重点8分野の特許出願状況」（特許庁）にもとづいている。

第3章 研究開発の最適性

　この章では，イノベーションと市場構造の関係を実証的に検証する。イノベーションの決定の違いは，産業，企業のおかれた市場構造により生ずる可能性がある。いわゆるシュンペーター仮説では，市場の競争性がないつまり独占度が強いとき，イノベーションはより大きくなるといわれている。逆に競争性が強いほど，イノベーションは大きくなるという主張もある。そのような理論的背景をもとにしてイノベーションと市場構造の関係を実証的に検証するのが本章の目的である。実証分析の結果，以前はR&D資本は過小だったが近年では過大になっている。市場の競争性は，製造業全体では高まりつつある方向になる。産業を細分化してみると規模の大きい産業，高成長の産業の方が競争性が高かった。これはR&Dが競争を促進している可能性を示している。

3.1 イノベーションの過小性

　本節では，イノベーションの果たす役割について，静学的な時間的視野のもとで調べていきたい[1]。まず経済が，消費者と生産者によって構成され，市場で取引が成立する状況を考えてみよう。
　あるマーケットが存在している。市場には多数の企業がおり，完全競争市場が成立している。ここである1企業によってイノベーションが生じる場合を考えてみよう。このイノベーションに関しては，小さなイノベーションであるか，大きなイノベーションであるかはかなり重要なことである。まず小さなイノベーションの場合には，図3.1から消費者の需要曲線はDで，企業の限界収入曲線はMR，生産者の限界費用曲線はMC_0で，簡単化のためにいずれも直線で表されている。初期の均衡は$MC_0 = P$で，成立し均衡価格はP_0，均衡生産量はY_0

図3.1 小さなイノベーションの影響

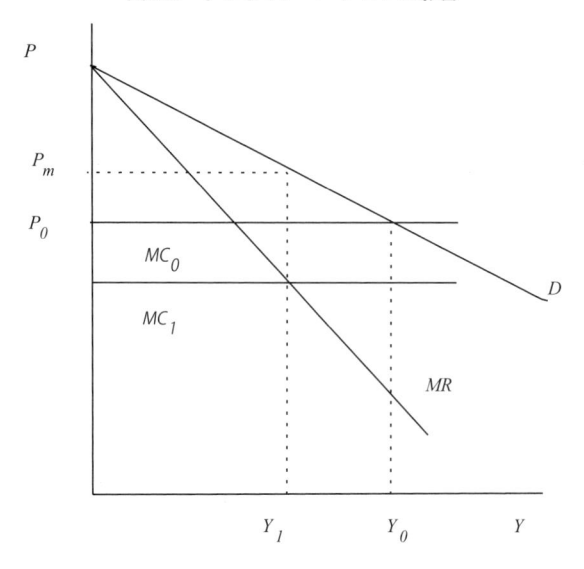

である。縦軸は価格で P，横軸は，生産量で Y を示している。限界費用曲線は，はじめの MC_0 から，小さなイノベーションのために MC_1 に低下している。このイノベーションの成功した企業は，1社だけなので独占者になる。すると $MR = MC_1$ のところで，生産量は決定し，均衡生産量は Y_1，均衡価格は P_m になる。これは，価格が初期の P_0 よりも上昇している。したがってこの企業にとって，小さなイノベーションはサステイナブルなイノベーションではない。

次に大きなイノベーションの場合を図3.2で考えてみよう。大きなイノベーションの場合には，イノベーションのために限界費用が大きく MC_1 まで低下している。したがって大きなイノベーションの場合には，独占価格の P_m は，初期の価格である P_0 より低くなる。したがってイノベーションを生じさせる独占企業にとって，イノベーションへのインセンティブが存在する。このような大きなイノベーションが生じる場合をさらに詳しく調べてみよう。

はじめにイノベーションが何も生じていない場合を考える。これは，図3.3で調べることができる。消費者の需要曲線は D で，生産者の限界費用曲線は MC_1 で簡単化のためにいずれも直線で表されている。縦軸は価格で P，横軸は，

第3章　研究開発の最適性

図3.2　大きなイノベーションの影響

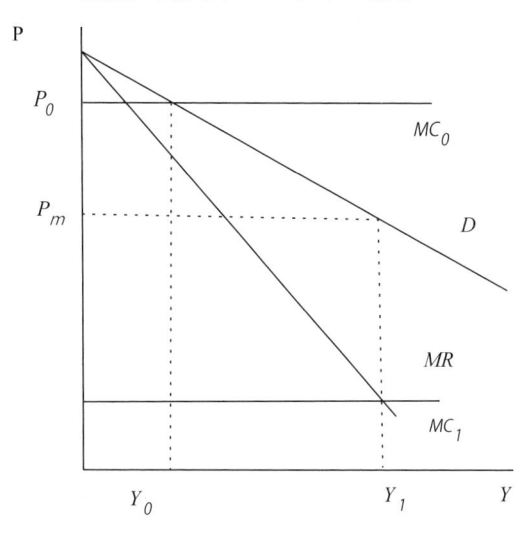

図3.3　イノベーションと資源配分

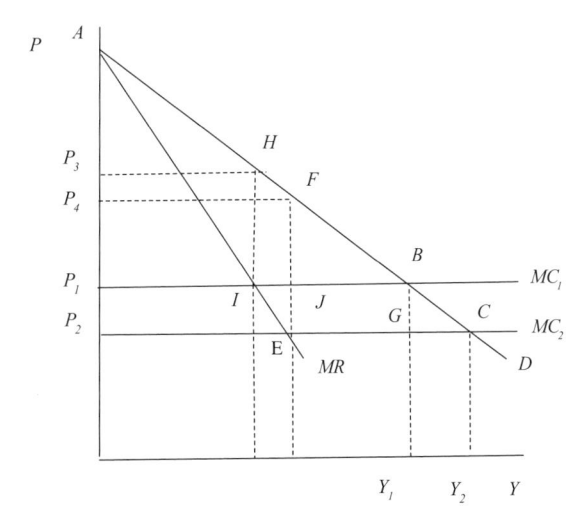

生産量で Y を示している。この市場を完全競争市場とすると，均衡価格は P_1 であり，均衡生産量は Y_1 になる。このとき消費者余剰は ABP_1 であり，生産者余剰は 0 で，総余剰は ABP_1 になり，この総余剰は最大になっている。もしこの市場が独占市場であれば，独占企業の限界収入曲線を MR とすると，均衡価格は P_3 になり，このとき消費者余剰は AHP_3 であり，生産者余剰は P_3HIP_1 または AIP_1 で，総余剰は $AHIP_1$ になり，この総余剰は，完全競争市場の総余剰よりも小さく，非効率である。

次にイノベーションが生じるとしよう。本来イノベーションにはコストがかかるが，ここではコストはかからないものとする。またイノベーションには，新たな製品を発明するといういわゆるプロダクトイノベーションと生産コストを低減させるプロセスイノベーションが存在するが，後者を想定している。そうするとイノベーションが生じた結果として，企業の限界費用曲線は，下方にシフトする。新たな限界費用曲線は，MC_2 になる。

完全競争市場では，はじめにこのイノベーションに対して発明企業への占有可能性がないとすると，このイノベーションは社会に広く伝播していき，均衡価格は P_2 になり，価格は低下する。総余剰も ACP_2 で効率的であり，社会的に最適であり，イノベーションが生じる前より P_1BCP_2 だけ増加している。このことから，イノベーションは，社会にとって望ましいことであることがわかる。

次にこの完全競争市場で，発明企業に対して，占有可能性が認められる場合を考えよう。このときこのイノベーションは，発明企業だけのものになる。この企業だけが，MC_2 で生産することが可能で，他の企業は MC_1 で生産することしかできない。するとこの企業は，MC_2 に対応する価格 P_2 で販売しなくても，MC_1 に対応する価格 P_1 よりもわずかに低い価格で販売すれば，消費者をすべて獲得することができる。そこで簡単化のために，P_1 でこの企業だけが販売できるとする。すると消費者余剰は ABP_1 であり，以前と同じであるが，生産者余剰は P_1BGP_2 得られることになり，総余剰は $ABGP_2$ になる。この総余剰は，占有可能性がないときよりも小さくなっている。よって占有可能性が認められると，イノベーションは，社会的に過小で非効率になることを示している。したがって，完全競争市場での企業は，利潤の増加が生産者余剰の増加 P_1BCP_2 で

表3.1　研究開発の過小性と市場構造の比較

ケース	0期		1期	
1	完全競争	企業の利潤 0 総余剰 ABP_1	完全競争 (専有不 可能)	企業の利潤 0 総余剰 ACP_2
2	完全競争	企業の利潤 0 総余剰 ABP_1	完全競争 (専有可 能)	企業の利潤 P_1BGP_2 総余剰 $ABGP_2$
3	独占	企業の利潤 AIP_1 総余剰 $AHIP_1$	独占	企業の利潤 AEP_2 総余剰 $AFEP_2$

出所：筆者作成。

あるため，イノベーションのインセンティブが社会的最適水準より低いことになる。

独占市場のときは，イノベーションが生じたときの均衡価格は P_4 になり，このとき消費者余剰は AFP_4 であり，生産者余剰は P_4FEP_2 で，総余剰は $AFEP_2$ になる。この総余剰は，イノベーションが生じる前より $HFJI$ と P_1JEP_2 大きくなっている。この独占企業の利潤の増加は P_1IEP_2 と考えられるので，完全競争市場での占有可能性をもつ企業よりも利潤の増加が少ないため，イノベーションのインセンティブが完全競争市場での占有可能性をもつ企業よりも低くなる。以上をまとめると上のような表3.1になる。

このようにイノベーションに関しては，社会的には過小になり非効率になる可能性が存在する。しかしながら，モデルの違いによりイノベーションが社会的に過大になるという主張もある[2]。

3.2 研究開発の最適性についての背景

 この章の目的は,研究開発が,日本においては過剰投資されているか,過小投資されているかの実証的な証拠を示すことにある。研究開発は,企業成長にも産業での競争にも重要な役割を演じる。特に近年の内生的成長理論(Barro and Sala-I-Matrin, 1995)における重要な要素の一つである。したがって研究開発投資は企業にとって重要になる。そしてその重要さゆえに多くの場合,研究開発の過剰投資がもたらされる。

 研究開発の過剰投資は,理論的にはしばしば論じられている(Tirole, 1988)。大部分の研究は,研究開発の過剰投資を支持している。そうした研究開発の過剰投資に関する理論的な研究は,いわゆるシュンペーター仮説と関係している。シュンペーター仮説は通常,次の二つの仮説から構成されている。一つは,企業のサイズが大きければ大きいほど,研究開発投資は盛んにおこなわれる。したがって,企業のサイズの増加の比例以上に研究開発投資は増加する。もう一つは,企業間の競争が激しいほど研究開発投資は盛んになるというものである。これは産業の集中度やマーケットシェアの上昇は,研究開発投資によって生じているという意味である。

 はじめの仮説に関する実証研究には,Scherer (1980),Kamien and Schwartz (1982),Cohen and Klepper (1994) があり,研究開発投資は企業の規模と比例的に増加していくという結果がある。そしてこれらの結果は,コンセンサス(Cohen, 1995) に近い。日本においてもシュンペーター仮説を明白に支持する研究はない(土井,1986;新飯田,後藤,南部,1987)。研究開発投資と市場集中度に正の関係があるとするもう一つの仮説に関する実証結果は,対照的に大多数の研究が支持している (Mansfield, 1964; Scherer, 1967; Cohen, 1995)。しかしながら日本においては,シュンペーター仮説のもう一つの仮説に関しても明白に支持している研究が発見できない(土井,1986;新飯田,後藤,南部,1987)。

 われわれの研究は,研究開発ストックの最適値を計測することにより,研究

開発投資の過剰性，過小性を計算して論じていこうという研究である。研究開発の最適性によるアプローチを用いた先行研究は他に発見することができなかった。したがってこの研究は，先駆的な研究である。しかしながら一般資本に関しては，一般資本ストックの最適性を用いた研究はすでに存在している（Berndt and Hesse, 1986；Morrison, 1988；Nemoto, Nakanishi and Madono, 1993）。われわれの分析はその分析を拡張しているものである。われわれの研究では，研究開発ストックの最適性を，現実の研究開発ストックと最適な研究開発ストックの比率で計測している。同時に研究開発ストックの q 比率も計測している。われわれは，研究開発が日本において過剰投資されているか，過小投資されているかを以上の二つの指標で判断する。さらに研究開発投資の最適性をシュンペーター仮説に関連した市場のいくつかの性質を考慮して調べていく。

われわれの分析は，以下のようになっている。モデルとデータと推定方法に関して第3.3節で述べられている。実証結果が第3.4節で発表され論じられている。結論が第3.5節で述べられている。

3.3 モデル

この研究では，われわれは，双対アプローチにもとづく，費用関数を採用する。以下の可変費用関数がここで採用される。

$$C = C(w_K, w_N, X_{RDS}, Y, t) \tag{3.1}$$

ここで，Y は生産量，X_i は投入要素 i で，i は資本ストック；K，労働投入；N，研究開発ストック；RDS である．w_i は，インプット i の価格である。C は費用である。費用は，資本費用と労働費用の合計である．費用は，それぞれの投入要素価格と研究開発ストックとタイムトレンドの関数である。しかしながら費用関数は，理論的に導かれたので直接推定することはできない。費用関数の関数形を決める必要がある。費用関数として以下の一般化レオンチェフ関数を採用する（Morrison, 1988, 1997）。

$$G = Y \{ a_{LL} w_L + 2 a_{LK} w_L^{0.5} w_K^{0.5} + a_{KK} w_K + a_{LY} w_L Y^{0.5}$$
$$+ a_{Lt} w_L t^{0.5} + a_{KY} w_K Y^{0.5} + a_{Kt} w_K t^{0.5}$$
$$+ (a_{YY} Y + 2 a_{Yt} Y^{0.5} t^{0.5} + a_t t) (w_L + w_K) \} + Y^{0.5} \{ a_{LRDS} w_L RDS^{0.5}$$
$$+ a_{KRDS} w_K RDS^{0.5} + (a_{YRDS} Y^{0.5} RDS^{0.5} + a_{tRDS} t^{0.5} RDS^{0.5}) (w_L + w_K) \}$$
$$+ a_{RDSRDS} RDS (w_L + w_K) + D_1 LARGE \tag{3.2}$$

ここで，$LARGE$ はより研究開発を多く使用している産業を表すダミー変数である。われわれは，以下の要素需要関数を得る。

$$\frac{L}{Y} = a_{LL} + a_{LK} (w_L/w_K)^{0.5} + a_{LY} Y^{0.5} + a_{Lt} t^{0.5} + a_{YY} Y + 2 a_{Yt} Y^{0.5} t^{0.5} + a_{tt} t$$
$$+ Y^{0.5} (a_{LRDS} RDS^{0.5} + a_{YRDS} Y^{0.5} RDS^{0.5} + a_{tRDS} t^{0.5} RDS^{0.5})$$
$$+ a_{RDSRDS} RDS/Y \tag{3.3}$$

$$\frac{K}{Y} = a_{KK} + a_{LK} (w_L/w_K)^{0.5} + a_{KY} Y^{0.5} + a_{Kt} t^{0.5} + a_{YY} Y + 2 a_{Yt} Y^{0.5} t^{0.5} + a_{tt} t$$
$$+ Y^{0.5} (a_{LRDS} RDS^{0.5} + a_{YRDS} Y^{0.5} RDS^{0.5} + a_{tRDS} t^{0.5} RDS^{0.5})$$
$$+ a_{RDSRDS} RDS/Y \tag{3.4}$$

定常状態における最適資本ストックの水準は，以下のように書ける。研究開発ストックの限界生産性は以下の式を満たす。

$$\frac{\partial G}{\partial X_{RDS*}} = -w_{RDS} \tag{3.5}$$

ここで，X_{RDS*} は最適な研究開発ストック水準である。上記の方程式より最適な研究開発ストックを得ることができる。研究開発の過剰または過小投資の指標とし AO 比を定義する。

$$AO = \frac{X_{RDS}}{X_{RDS*}} \tag{3.6}$$

もし AO が1よりも大きかったら，研究開発ストックは，最適な研究開発ストックよりも大きい。したがって研究開発ストックは過剰である。もし AO が1よりも小さかったら，研究開発ストックは，最適な研究開発ストックよりも小さい。したがって研究開発ストックは過小である。

さらに，われわれは以下の Tobin の q を定義する（Morrison, 1988, 1997）。

$$q = \frac{\partial G}{\partial X_{RDS*}} \frac{1}{w_{RDS}} \tag{3.7}$$

上記の指標は，研究開発の過剰，または過小投資を判断するもう一つの指標である。もし研究開発ストック q が1よりも大きかったら，研究開発の投資をおこなうインセンティブが存在する。これは，研究開発ストックの不足を示す。もし研究開発ストックの q が1よりも小さかったら，研究開発の投資をおこなうインセンティブが存在しない。これは，研究開発ストックの過剰を示す。

費用関数（3.2）と二本の要素需要関数（3.3），（3.4）は，SURで推定される．この同時方程式モデルは，体系推定法が適用される。データは，日本の68産業であり，1974年から1998年までのパネルデータが推定される。

データは，以下のようになっている。産出量は，実質GDPである。労働投入は，労務費を労働投入デフレータで割ったものである．資本ストックは，資本費を資本デフレータで割ったものである．賃金は，労働投入デフレータであり，資本コストは資本デフレータである。研究開発ストックは，実質研究開発ストックである。研究開発投資は，名目研究開発投資を研究開発デフレータで割ったものである。すべてのデータは日本の68産業から構成されている。対象産業は，農業，鉱業，政府部門を除いたすべての産業である。すべてのデータは，"JIPデータベース"（深尾他，2003）から得られている．

3.4 推定結果

表3.2は，モデルのパラメータの推定結果である。16のパラメータのうち，11のパラメータが5％水準で有意であり，13のパラメータが10％水準で有意である。他のこの種の先行研究の結果と比較しても，一般化レオンチェフ費用関数は，その採用に問題があるとはいえない。また研究開発に関連するパラメータは5あるが，すべて5％水準で有意であった。

表3.3は，AO と q の値を示している。これは，全産業の AO の値である。

表3.2　費用関数のパラメータ推定結果

パラメータ	推定値	t-値	パラメータ	推定値	t-値
a_{LL}	12113.1	6.49	a_{LK}	−0.16623	−4.00
a_{KK}	11982.6	6.43	a_{LY}	−0.00380	−1.61
a_{Lt}	−541.902	−6.47	a_{KY}	−0.00407	−1.72
a_{Kt}	−538.938	−6.44	a_{YY}	−0.00000	−0.86
a_{Yt}	0.00004	1.63	a_t	6.06084	6.45
a_{LRDS}	−0.00000	−2.56	a_{KRDS}	−1.16307	−8.29
a_{YRDS}	0.00000	6.75	a_{tRDS}	−0.00000	−3.38
a_{RDSRDS}	0.56328	7.70	D_1	852249.	1.78

出所：RIETI「JIPデータベース」（深尾他，2003）を使用。

表3.3　AO と q の値の推移

年	AO	q	年	AO	q
1975	0.308	3.290	1987	0.925	1.101
1976	0.386	2.662	1988	1.205	0.780
1977	0.417	2.498	1989	1.267	0.724
1978	0.502	2.088	1990	0.908	1.130
1979	0.561	1.860	1991	0.919	1.115
1980	0.409	2.566	1992	0.950	1.070
1981	0.424	2.506	1993	1.105	0.869
1982	0.457	2.422	1994	1.249	0.721
1983	0.531	2.014	1995	1.502	0.529
1984	0.510	2.115	1996	2.080	0.256
1985	0.526	2.067	1997	1.629	0.451
1986	0.686	1.558			

出所：RIETI「JIPデータベース」（深尾他，2003）を使用。

全体としては，AO の値は，上昇トレンドにある。1975年から1979年にかけて上昇している。1980年に少しの低下はあるが，1980年から1989年まで上昇している。1984年にわずかな減少があったが，1980年から1989年まで増加している。さらに1990年に減少はあるものの，1991年から1996年まで上昇している。80年

第3章　研究開発の最適性

表3.4　AO と q の企業規模別の推移

年	大規模産業 AO	q	小規模産業 AO	q
1975	0.464	2.049	0.299	2.910
1980	0.677	1.463	0.492	1.929
1985	0.822	1.225	0.573	1.724
1990	1.314	0.728	1.097	0.903
1995	2.336	0.288	2.028	0.392

出所：RIETI「JIPデータベース」(深尾他, 2003)を使用。

代中頃以前は比較的低い値であり，それ以降は比較的高い値である。特に近年は高い。したがって研究開発投資は，1987年以前は，AO が1以下で過小であるが，1986年以降は，AO は1を超えており過剰である。研究開発投資の q の値の解釈は，AO の値の逆になる。1987年以前は，研究開発に対する投資のインセンティブが存在しており，1986年以降は，研究開発への投資のインセンティブが存在していない。80年代半ば以前は，2を超えていた。したがって研究開発は，近年は過剰投資であるが，研究開発が過小投資であった期間がより長く存在する。1987年から1994年までは比較的どちらの値も1に近い値であり，効率的であった。

わが国ではバブル期以前は，いわゆる右肩上がりの成長期であり，設備投資が活発であって，総需要も成長していた。研究開発投資も同様に盛んにおこなわれていた。この時期は，したがってトービンの q は1より大きく投資機会のインセンティブがあった。トービンの q の値が大きいと超過利潤が発生していると考えられ，競争的な環境ではないといわれる（Martin, 1993）。逆にバブル期以降は，いわゆる失われた10年で総需要が減少し，研究開発ストックも過剰になっている。トービンの q は近年の方が小さいので，競争性が高まっているといえる。

われわれは，産業の大きさの違いと AO, q の値を調べた。表3.4は，AO, q のアウトプット別の値である。すべての産業をアウトプットが大きいグループ

表3.5 *AO* と *q* の産出量成長率別の推移

	高成長産業		低成長産業	
年	*AO*	*q*	*AO*	*q*
1975	0.783	1.285	0.171	4.325
1980	1.001	0.998	0.300	2.816
1985	1.045	0.951	0.381	2.391
1990	1.708	0.500	0.637	1.537
1995	3.093	0.117	1.103	0.901

出所：RIETI「JIP データベース」(深尾他, 2003)を使用。

と小さいグループに分けてそれぞれの *AO*, *q* の値を示している。小さい方の規模の産業の *AO* は，大きい方の規模の産業の *AO* 比率よりも小さかった。したがって大きい規模の産業の方が，研究開発は小さい規模の産業よりも過剰であるということができる。したがって小規模産業は大規模産業より常にR&D資本の量が少なくなっている。*q* については，大きい規模の産業の *q* の値の方が，小さい規模の産業の *q* の値よりもすべて小さかった。Martin (1993) の観点からは，大規模産業の方が競争的といえる。

近年いわゆるシュンペーターモデルが，内生的成長理論の分野で現れている。企業の成長と研究開発の関係が強調されている。そこでわれわれは，産業を成長の高い産業と低い産業に分けた。われわれはそれらの *AO* の値を計算しており，表3.5は，*AO*, *q* のアウトプットの成長率別の値である。すべての産業をアウトプットの成長率が高いグループと低いグループに分けてそれぞれの *AO*, *q* の値を示している。

成長率の高い産業の *AO* は，成長率の低い産業の *AO* よりもすべて大きかった。したがって成長の著しい産業では，成長の低い産業よりも研究開発がより過剰であることを示している。ここでは，低成長産業は高成長産業より常にR&D資本の量が少なくなっている。成長率の低い産業の *q* の値は，すべて成長率の高い産業の *q* の値よりも高かった。Martin (1993) の観点からは，高成長産業の方が競争的といえる。これはR&Dは競争を促進している可能性をしめ

している。

3.5 結語

　この章は，研究開発は日本において過剰投資されているか，過小投資されているかどうかの実証的な証拠を示すことにある。研究開発投資は，1987年以前は，AO が1以下で過小であるが，1986年以降は，AO は1を超えており過剰である。研究開発は，近年は過剰投資であるが，研究開発が過小投資であった期間がより長く存在する。1987年から1994年までは比較的どちらの値も1に近い値であり，効率的であった。Martin（1993）の観点からは，日本の産業は競争的になっている。

　q については，小さい規模の産業の q の値の方が，大きい規模の産業の q よりもすべて大きかった。したがって産業の規模が小さいほど，産業の独占度は大きいことになる。研究開発で測った産業の競争性は，産業の拡大を促進する。成長率の低い産業の q は，すべて成長率の高い産業の q よりも高かった。よって成長率の低い産業の方が，成長率の高い産業よりもより独占度が高いことを示している。つまり研究開発に関しての産業独占度の上昇は，企業の成長を阻害しているともいえる。これは R&D は競争を促進している可能性を示している。

注
1） この節のモデルは，伊藤，清野，奥野，鈴村（1988），小田切（2001），Cabral（2000），Carlton and Perloff（2005）を参考にしている。
2） 伊藤，清野，奥野，鈴村（1988），清野（1993），小田切（2001），Scherer and Ross（1990）を参照。

第4章　規制とイノベーション

4.1　産業の成長と生産性とイノベーション

　この章では，規制とイノベーションの関係について分析する。前章で行った分析は，イノベーションと市場構造の関係を調べたものである。市場構造を規定する要因としてはいろいろな場合が考えられるが，この章では規制を採り上げる。したがって前章の分析と同じ系列と考えられる。まず規制を測定する定量的な指標を開発した。それによると規制緩和は進展しているが，ただしそのスピードは遅いといえる。まず全産業に関しての分析をおこなった。イノベーションとしてTFP，研究開発を取り上げていて，ともに規制の緩和がイノベーションをもたらすという結果であった。これは，産業別の分析でも医薬，化学，電気機械，精密機械，輸送用機械産業のいわゆるハイテク産業の個票の分析でも同様であった。

4.1.1　市場構造とイノベーション

　始めに独占市場を考える。逆需要関数は以下のように書ける。

$$P = P(Y) \tag{4.1}$$

ここで，Yは生産量，Pは生産物の価格である。逆需要関数を以下のように線形に特定化する。

$$P = a - bY \tag{4.2}$$

　a, bはパラメータである。企業の利潤を次のように書こう。

$$\pi = (a-bY)Y - (c-aRD_i)Y - \frac{1}{2}\gamma RD^2 \tag{4.3}$$

ここで，π は利潤，c, α, γ はパラメータ，RD は R&D で研究開発投資である。ここで R&D は，費用削減的であることを仮定している。R&D の増加は，費用の削減を通して利潤の増加を招く。この利潤を，生産量と R&D それぞれについて最大化すると，まず生産量については以下が得られる。

$$\frac{\partial \pi}{\partial Y} = -bY + (a-bY) - (c-aRD) = 0 \tag{4.4}$$

次に，R&D についても最大化した条件は以下である。

$$\frac{\partial \pi}{\partial RD} = \alpha Y - \gamma RD = 0 \tag{4.5}$$

この両式から，以下を得る。

$$Y = \frac{\gamma(a-c)}{2b\gamma - \alpha^2} \tag{4.6}$$

$$RD = \frac{\alpha\gamma(a-c)}{2b\gamma - \alpha^2} \tag{4.7}$$

これより，R&D は，b が大きいほど小さくなる。これは需要の価格弾力性が小さいほど独占度が高いことを意味しているため，独占度が高まると R&D は減少する。これは，市場構造が競争的なほど R&D が上昇することを意味している。そこでシュンペーター仮説とは異なっている結果になっている。

次に企業数を考慮して考えてみよう。まず逆需要関数を以下のように書く。

$$P = P(Y) \tag{4.8}$$

ここで，企業は n 社存在するとすると，以下のように書ける。

$$Y = P(\sum_{i}^{n} Y_i) \tag{4.9}$$

逆需要関数を以下のように線形に特定化する。

$$P = a - Y_1 - Y_2 \cdots - Y_n \tag{4.10}$$

第4章　規制とイノベーション

企業iの利潤は次のように書ける。

$$\pi_i = P(\sum_i^n Y_i) Y_i - (c - \alpha RD_i) Y_i - \frac{1}{2} \gamma RD_i^2 \tag{4.11}$$

ここで，R&Dは費用削減的であることを仮定している。R&Dの増加は，費用の削減を通して利潤の増加を招く。この利潤を，生産量とR&Dそれぞれについてクールノ均衡を仮定して最大化すると，まず生産量については以下のようになる。

$$\frac{\partial \pi}{\partial Y_i} = -Y_i + (a - Y_1 - Y_2 \cdots - Y_n) - (c - \alpha RD_i) = 0 \tag{4.12}$$

よって，以下が得られる。

$$(-Y_1) + (a - Y_1 - Y_2 \cdots - Y_n) - (c - \alpha RD_i) = 0 \tag{4.13}$$

以下のように整理できる。

$$a - Y_1 + (-Y_1 - Y_2 \cdots - Y_n) - (c - \alpha RD_i) = 0 \tag{4.14}$$

ここで，企業の生産量について，すべての企業の生産量は同じであるとすると，以下のように書ける。

$$y = Y_i \tag{4.15}$$

よって，以下のようになる。

$$a - (n+1)y - (c - \alpha RD_i) = 0 \tag{4.16}$$

次に，R&Dについても最大化した条件は以下である。

$$\alpha Y_i - \gamma RD_i = 0 \tag{4.17}$$

R&Dについても，各社で対称性を仮定すると以下のようにできる。

$$rd = RD_i \tag{4.18}$$

よって，以下の式が得られる。

$$rd = \frac{a}{\gamma} y \qquad (4.19)$$

そこで，この式と生産量に関する4.16式から，生産量と R&D に関する値が得られる。

$$y = \frac{\gamma(a-c)}{(n+1)\gamma - a^2} \qquad (4.20)$$

$$rd = \frac{a(a-c)}{(n+1)\gamma - a^2} \qquad (4.21)$$

(4.20)，(4.21)式は，独占市場の場合の(4.6)，(4.7)式にそれぞれ対応している。企業数を考慮した場合には，企業が増加すると，生産量が増加する。また研究開発投資額も増加する[1]。これは市場が独占的になることは生産量が低下し，研究開発も低下することから，シュンペーター仮説とは逆の状態を意味している。したがって規制の緩和によって，市場の競争性が促進されると，イノベーションが増加することを示している。

4.1.2 分析の背景

この分析では，TFP上昇率を，技術進歩つまりイノベーションの一つと考えている。表4.1は，わが国のTFP上昇率を示している。TFP上昇率は年々低下していっている（Hayashi and Prescott, 2002 ; Fukao, Inui, Kawai and Miyagawa, 2004 ; 内閣府, 2001, 2002）。また製造業と非製造業では常に製造業のTFP上昇率の方が，非製造業のTFP上昇率よりも高い。これは，しばしばいわれていることで，わが国では，非製造業はさまざまな要因で非効率であるといわれていることを表している。その要因としては，企業の市場への参入・退出が与える効果，資源配分の非効率性，不良債権の与える効果などが考えられるが，規制に関しても要因の一つである。規制緩和の進展や研究開発の動向は，TFP上昇率に少なからず影響を与えたものと考えられる。また近年においては，規制緩和等の競争促進政策による構造改革政策が計画，実施されてきており，そこで特にTFP上昇率が低い非製造業のTFP上昇率を高めることが期待されている。

第 4 章 規制とイノベーション

表4.1 産業別の TFP 成長率の推移

年代	製造業	非製造業	全産業
1970年代	1.64	0.06	2.69
1980年代	1.12	0.13	1.14
1990年代	0.34	−0.20	0.17

出所：中西，乾（2008），P204：表6-1。

本稿では JIP2006 を使用し[2]，産業別の TFP 上昇率と規制緩和との関係について分析する。後述するとおり，規制が生産性に与える効果の分析の蓄積は進んでいるものの，産業あるいは経済全体について考察した研究は Nicoletti を中心とした OECD による一連の研究に限られる。特に日本の規制緩和の影響に関する産業全体に与える影響に関する分析は，中西・乾（2003）以外はあまり例がない。そこで本稿では，産業の生産性と規制緩和との関係について中西・乾（2003）による分析を，JIP2006 を使用することによって発展させ，筆者たちが独自に作成した日本の産業別規制指標を使用し分析を行う。

この節の構成は以下の通りである。第4.1.3節では市場環境と生産性の関係について先行研究を概観する。第4.1.4節では筆者たちで作成した規制緩和指標のデータの解説を加える。第4.1.5節では推計方法およびその推計結果について議論する。第4.1.6節ではまとめと今後の課題について述べる。

4.1.3 先行研究

ここでは，TFP を中心にしたイノベーションと規制および市場構造に関する分析の先行研究を概観する。先行研究が表4.2にある。なお Winston（1998）は規制緩和の経済効果について航空産業，トラック産業，鉄道業，銀行業，ガス事業に関する既存研究のサーベイをしており，Conway, Janod and Nicoletti（2005）においては OECD 各国の規制のインデックスの作成に加えて，規制が生産性，経済成長，雇用に与える影響に関する実証分析をサーベイしている。日本を対象とした研究では，江藤（2002）があり，規制に関しての総合的な研究であり，規制の現状，規制に関する先行研究のサーベイを中心におこなっている。

表4.2 規制とイノベーションに関する先行研究の比較

著作	イノベーションの指標	市場構造の指標	結果 (イノベーションを)
Geroski (1990)	重要なイノベーション	市場集中度 輸入浸透度 参入，退出	低下
Nickell (1996)	TFPのレベル，成長率	市場シェア レント 競争指標 市場集中度	促進
Blundell, Griffith and Van Reenen (1999)	重要なイノベーション	市場集中度	低下
Nicoletti and Scarpetta (2003)	生産性， 技術のキャッチ・アップ	規制緩和	促進
Okada (2005) 元橋，船越， 藤平 (2005)	TFPの成長率 TFPのレベル	競争度 ハーフィンダール 指数，集中度	促進 促進

出所：筆者作成。

このように，イノベーションに対して，規制をはじめとする市場構造に関する変数は，市場構造が競争的になるとイノベーションを促進する場合も減少させる場合もあることがわかった。

4.1.4 規制のデータ

規制は，市場構造に歪みをもたらす要因の代表的なものの一つである。しかしながら規制は，具体的にはある法律で定められている。ある市場でそういう関連した法律が全く存在しなければ規制はないといえるが，多少でも存在すればそれが実際，市場においてどれだけ影響を及ぼしているかが重要であろう。それが市場における規制の強度を示すことになるからである。とはいっても実際にはその法律がどれだけ影響を及ぼしているかどうか判断することは困難である。そうした点から規制は数量的なデータとしては，世界的に見てもほとん

ど存在しない。Nicoletti and Scarpetta（2003）らが使っている規制のデータは，むしろ規制の結果を示しているものである。

　わが国でも，市場において規制は存在しているしその重要性は認識されているが，規制に関して実証的な分析を行っている例は少ない。規制産業である，電力産業，ガス産業，運輸産業に関しての分析例は存在している。しかしながらそこでは直接的に規制の影響を分析しているわけではない。そのような中で樋口（2001）は，規制を中心に分析しているわけではないが規制の影響を実証的に分析している。そこでは，労働需要が分析の中心であり，労働需要がいくつかの要因によって決定されているというモデルであって，その要因の一つとして規制が取り上げられていた。現実のデータを使用した実証分析であるので，規制についても現実のデータを使用しており，そこでは，総務庁が2001年に作成した規制の数量データが使われていた。

　このデータはいわゆる規制ウェイトと呼ばれているものである。このデータは，たとえば以下のようにつくられている。いま例として，プロサッカー産業という産業があるとしよう。プロサッカー産業は，さらに細分化され男子サッカー産業と女子サッカー産業に分かれているとする。そして男子サッカー産業の付加価値が500億円と，女子サッカー産業の付加価値が1500億円としよう。したがってプロサッカー産業全体では，2000億円が付加価値になる。このとき男子サッカー産業だけ規制がされているとする。するとプロサッカー産業の規制ウェイトは，500億円／2000億円の0.25となる。こうした手順で規制ウェイトのデータは作成される。このときに問題になるのは，どの産業が規制されているかという判断である。これは「許認可等現況表」（総務庁，2000）を使うことによって判断できる。この値は，0％から100％の間の値であり，100％に近いほど，規制を受けている産業が多いため規制が強い。なお規制については，集計前においてそれぞれの産業（519産業）で全体的に規制を受けている場合（全体）とそれぞれの産業において部分的に規制を受けている場合（部分）があるため，規制指標のデータとして，「全体」と「部分」の2種類が作成されている。

　このように推計された規制指標のデータをまとめたものが表4.3である。製

表4.3 産業別の規制の推移

年	製造業	非製造業	製造業	非製造業
	規制（全体）		規制（部分）	
1970	0.087	0.312	0.107	0.369
1980	0.069	0.340	0.088	0.401
1990	0.061	0.334	0.082	0.408
2002	0.047	0.332	0.075	0.410

出所：中西，乾（2008），P209：表6-3。

造業は全体の規制が約9％から約5％に低下している。製造業はあまり規制がなされていない。またわずか4％であるが，規制緩和の方向にある。部分の規制も全体の規制と同様に値自体は低い値であり，この値も減少している。したがって製造業に関しては，規制緩和の方向にあるといえよう。製造業はもともと規制が強くないため，規制緩和されているといってもわずかな値である。非製造業では全体の規制が30％強ある。したがって非製造業では，規制はかなり大きな問題である。規制の影響が強い可能性がある。また非製造業では規制は全体では80年以降低下している。部分ではむしろ強くなっている。したがって規制緩和はこのデータだけでは完全には確認できない。TFP成長率の低下の原因のひとつとしては，この規制緩和が進展していない可能性が考えられよう。

ここで使用した規制のデータは，世界的に見ても独自性の強いデータである。他にこのような定量的な規制に関するデータは存在していない。しかしながら問題点も含んでいる。最終的に細分化された産業が規制を受けているかどうかで判断しているため，その規制の影響を最終的にその産業がどのくらい受けているかどうかはこのデータからは判断できない。あくまでも集計した段階でのみ規制の強度を判断することができる。また規制に関しては受けているかどうかだけで判断される。本来は規制に関する法律は，いろいろな範囲で存在している。このデータはそうした意味からは，一方面からのデータである。

4.1.5 モデルとデータ

この分析では，TFPをイノベーションとして考えている。TFPは，それ自

第 4 章　規制とイノベーション

体は存在していないため何らかの定義によって，その値を計測する必要がある。TFP は，全要素生産性と定義されている。しばしば一人当たりの生産額を一人当たり生産性とか，一人当たりの資本量を一人当たり生産性と定義している場合が多いが，労働，資本すべてを加味した生産性が最も適切であるためそれが TFP となった。TFP は現実にはデータが存在していないため，何らかの方法で計測する必要がある。代表的な方法は二通りで，一つはデータの作成から計算していくものであり，他方はパラメータの推定から計算していくものである。簡単には，いずれの方法も生産量の成長率からコストシェアでウェイトされた各生産要素の成長率を引いた値である。そのときにデータを推定して得られたパラメータを利用することも可能である。ここでは，JIP データベースの TFP の値を使用する。

ここでのモデルは，TFP 成長率と規制の関係を明らかにするものである。したがってモデルの左辺に当たる被説明変数が TFP 成長率で，右辺の説明変数が，規制である。さらに IT と R&D を加えている。これは，TFP の成長率は，イノベーションを表す変数であるが，IT と R&D の影響を排除するからである。また，IT との関係も調べたいからである。

$$TFP(i,t) = a_0 + a_1 REGULATION(i,t) + a_2 RD(i,t) + a_3 IT(i,t) \quad (4.22)$$

$$YD(i,t) = a_0 + a_1 REGULATION(i,t) + a_2 RD(i,t) + a_3 IT(i,t) \quad (4.23)$$

ここで，TFP は TFP のレベル，YD は GDP 成長率，$REGULATION$ は規制，実際には，$REGULATION$（all）が規制指標（全体），$REGULATION$（$part$）；規制指標（部分），RD が R&D 投資・生産額比率（3 年前年），IT が IT 投資・生産額比率であり，i が企業，t が時間である。

このモデルの推定方法は以下の通りである。このデータは，産業ごとに集計されてはいるものの，タイムシリーズとクロスセクションが混ざったデータである。したがって，産業ごとの個別効果を取り除くために，モデルの階差をとる。これで個別効果を取り除くことができる。R&D については，3 期のラグをとっている。推定方法は，OLS と二段階最小自乗法である。操作変数は，

表4.4 規制のイノベーションに与える影響：OLS推定

	被説明変数：TFP					
	全産業		R&D 実施産業		R&D 非実施産業	
	(1)	(2)	(3)	(4)	(5)	(6)
IT	0.000	0.000	0.018	0.018	−0.002	−0.002
	(−0.16)	(−0.21)	(3.17)	(3.17)	(−0.81)	(−0.81)
R&D			0.002	0.002		
			(1.33)	(1.34)		
規制（全体）	−0.008		−0.003		−0.009	
	(−2.66)		(−0.76)		(−1.93)	
規制（部分）		−0.011		−0.004		−0.015
		(−3.88)		(−1.31)		(−3.05)
定数項	0.008	0.010	0.045	0.005	0.009	0.013
	(4.63)	(5.44)	(2.50)	(2.76)	(2.86)	(3.70)
標本数	2592	2592	1018	1018	1323	1323

注：( ) 内は t 値。
出所：中西，乾 (2008)，P215：表6-5。

すべての変数のラグをとったものである。またデータはJIP2006のデータを使用し，推計期間は1975年から2002年を使用している。産業は政府関連産業を除いた97産業（JIP2006の産業番号1～97番）である。

表4.4は，OLSによる推定結果である。規制（全体）に関しては，全産業，R&D非実施産業では有意であった。規制（部分）に関しては，同様に全産業，R&D非実施産業では有意であった。これは，R&D実施産業は製造業に多く，R&D非実施産業は非製造業に多いためであろう。したがって製造業では，規制は少なかったため，あまり規制の影響が強くないと判断できる。そこで，規制が有意な影響を持っていないということであろう。さらに規制の変数のパラメータの値はいずれもマイナスであった。これは，規制が少なくなるとTFP成長率が上昇するということである。したがって完全競争に近づく，または市場構造が完全競争に改善されていくと，イノベーションが高まることを意味している。したがってシュンペーター仮説とは逆の結果になっている。その他の変数は，R&D実施企業と全産業でITが有意であった。

第4章　規制とイノベーション

表4.5　規制のイノベーションに与える影響：2SLS 推定

	全産業		R&D 実施産業		R&D 非実施産業	
	(1)	(2)	(3)	(4)	(5)	(6)
IT	0.039	0.039	0.053	0.053	0.029	0.028
	(4.20)	(4.25)	(4.08)	(4.13)	(2.08)	(1.92)
R&D			0.001	0.001		
			(0.98)	(0.98)		
規制（全体）	−0.007		−0.002		−0.008	
	(−2.10)		(−0.57)		(−1.49)	
規制（部分）		−0.016		−0.003		−0.014
		(−3.28)		(−1.08)		(−2.61)
定数項	0.001	0.003	0.001	0.002	0.002	0.007
	(0.58)	(1.44)	(0.67)	(0.95)	(0.57)	(1.51)
標本数	2452	2452	1018	1018	1183	1183

被説明変数：TFP

注：（　）内は t 値。
出所：中西，乾（2008），P215：表6-6。

　表4.5は，2SLS による推定結果であった。この推定結果も OLS による推定結果と同様であった。全産業，R&D 非実施産業では有意であった。したがって R&D 実施企業では，ほぼ製造業であるため規制の影響が少なく，非製造業では規制の影響が強いという結果と，規制の緩和すなわち市場構造の改善がイノベーションに貢献することが確認された。

　生産の伸び率に関しての推定結果が，表4.6，4.7にある。OLS による結果は，表4.6にある。規制に関しては，全産業および非製造業に関して，すべて有意であった。その反面，製造業に関しては全く有意ではなかった。IT については製造業と全産業では有意であったが非製造業では有意ではなかった。製造業では，R&D がすべて有意であった。TFP 成長率の OLS による推定の結果と比較すると，R&D が GDP 伸び率の場合に有意になっている。

　この表4.7は 2SLS による推定の結果である。OLS の結果に近いが，IT はすべての推定式で有意であった。R&D も有意であった。製造業では，規制（全体，部分どちらも）の結果が有意でなくなっている。TFP に関しての推定結

47

表4.6 規制とイノベーションの GDP 成長率に与える影響：OLS 推定

	被説明変数：TFP					
	全産業		R&D 実施産業		R&D 非実施産業	
	(1)	(2)	(3)	(4)	(5)	(6)
IT	0.012	0.012	0.088	0.088	0.003	0.003
	(4.84)	(4.80)	(10.5)	(10.5)	(1.17)	(1.06)
R&D			0.005	0.005		
			(2.83)	(2.83)		
規制（全体）	−0.001		0.000		−0.026	
	(−3.53)		(−0.01)		(−4.45)	
規制（部分）		−0.018		−0.002		−0.037
		(−4.69)		(−0.38)		(−6.30)
定数項	0.034	0.037	0.005	0.006	0.052	0.067
	(14.6)	(14.4)	(2.16)	(2.23)	(14.1)	(14.4)
標本数	2592	2592	1018	1018	1323	1323

注：( ) 内は，t 値。
出所：中西，乾（2008），P215：表6-7。

表4.7 規制とイノベーションの GDP 成長率に与える影響：2SLS 推定

	被説明変数：TFP					
	全産業		R&D 実施産業		R&D 非実施産業	
	(1)	(2)	(3)	(4)	(5)	(6)
IT	0.222	0.222	0.022	0.022	0.017	0.168
	(14.0)	(14.1)	(10.2)	(10.2)	(8.09)	(8.01)
R&D			0.004	0.004		
			(1.82)	(1.81)		
規制（全体）	−0.001		0.002		−0.023	
	(−1.81)		(−0.38)		(−2.92)	
規制（部分）		−0.014		0.000		−0.035
		(−2.66)		−0.11		(−4.40)
定数項	0.000	0.002	−0.005	−0.005	0.022	0.032
	(−0.20)	(0.50)	(−1.59)	(−1.39)	(3.4)	(4.55)
標本数	2452	2452	1018	1018	1183	1183

注：( ) 内は，t 値。
出所：中西，乾（2008），P216：表6-8。

果と比較すると，R&Dに関して，GDPの成長率で分析した方が有意であった。他は結果の傾向が近かった。

4.1.6 まとめ

この節では，TFP成長率をイノベーションと考えて分析を行った。そして分析の目的は市場構造とイノベーションの関係を確かめることであった。市場構造はいろいろな側面があるもののここでは規制を採り上げている。規制は，重要なテーマであり理論的にはしばしば分析されているが，実証的にはデータの作成が特別に必要なため，ほとんど分析例がなかった。したがってこの研究は先駆的な分析である。

分析結果は，まずデータの作成から，規制は非製造業で特に強い影響を及ぼしていることが実証的に確かめられた。次にTFP成長率との関係を調べたが，規制は，TFP上昇率の決定に関して，すべての産業と非製造業では，有意にマイナスであった。したがってTFP上昇率に規制はマイナスの影響を与えている可能性が高いといえるであろう。これは市場の競争環境の低下が，TFP上昇率にマイナスの影響を与えるとしている多くの先行研究と整合的な結果であった。規制の緩和すなわち市場構造の改善がイノベーションに貢献することが確認された。

この分析では，日本の産業全体を扱っていた。しかしながら規制の状況は産業ごとに異なっている可能性がある。したがって，マクロ的な分析ではなく，産業ごとの分析も必要であろう。その際には，データの作成から異なる方法が必要であろう。

4.2 ハイテク企業における規制とイノベーション

4.2.1 はじめに

この節では，規制とイノベーションについてとくにわが国のいわゆるハイテク産業に存在する企業について実証的に分析する。データについても企業ごと

のパネルデータを使用する。シュンペーター以来（Schumpeter, 1942），イノベーションは競争と成長のために重要であると認識されている。近年の経済成長理論（Asemoglu, 2009）の著しい発展においてもみられるようにその重要性は増加している。

イノベーションと市場構造の関係について多くの先行研究が存在している（Cohen, 1995）。イノベーションのとらえ方は単純ではないが，従来より R&D がその代理変数として適用されている。また市場構造の代理変数としては，市場集中度が取り上げられている。多くの研究では，R&D と市場集中度との関係は正の関係であるという結果を得ている（Scherer, 1967 ; Mansfield, 1968）。一方で，市場集中度と R&D の関係は，負の関係であるという結果も存在している（Geroski and Pomroy, 1990 ; Geroski, 1991）。したがって市場集中度で測られる市場構造と R&D で測られるイノベーションの関係はまだ結論が出ていない。

TFP は，近年イノベーションの代理変数としてしばしば採用されている。競争的な環境は，TFP の成長を促すという研究がある（Nickell et al., 1997）。その反対に，Blundell, Griffith and Van Reenen（1999）は，マイクロデータにもとづく分析で，TFP と市場集中度との関係は，負の関係であるとの結果を示している。そこで Nickell et al.（1997）の研究は，シュンペーター仮説とは反対の結果となっている。

市場構造を規定するものはいくつかあるが，規制はその一つである。規制については，先行研究では取り上げられていなかった。現在，規制緩和が多くの国で進んでおり（Nicoletti and Scarpetta, 2003），規制とイノベーションの関係を調べることは，価値のあることである。近年 Nicoletti and Scarpetta（2003）や Conway, Janod and Nicoletti（2005）は，規制と経済成長や雇用の関係を分析している。そこで得られた結果としては，規制緩和は，生産性の成長を促進するというものであった。しかしながら彼らの研究で採用された規制のデータは，マーケットシェア，新規参入企業の数，公企業の数といったデータであった。こうしたデータは，むしろ規制の結果を示すものである。規制とは，本質的には政府当局が法律によって，民間の行動をコントロールすることである。

したがって法律にもとづいた数量的なデータである必要がある。

中西・乾（2003）は，産業別に法律にもとづいた規制に関する数量データを開発した。こうしたデータは，私たちの他に発見できない。われわれは，このデータを用いて，規制とイノベーションの関係を分析する。われわれの分析は，このデータを用いている点が他の研究とは大きく異なっている。

以下，第2項で，モデルについて，第3項で，実証分析の結果について，第4項で結論を述べる。

4.2.2　モデル

この分析は，規制のイノベーションにたいする影響を調べることにある。イノベーションとして，TFPとR&Dを採用する。われわれのモデルは，イノベーションが規制によって決定されていると考えており，さらに企業規模，キャッシュ・フローがイノベーションの決定に関与するというものである。

TFPに関するモデルは以下のように書ける。

$$TFP(i,t) = \alpha_0 + \alpha_1 REGULATION(i,t) + \alpha_2 R\&D(i,t) + \alpha_3 Scale(i,t) \\ + \alpha_4 CF(i,t) + \mu(i) + \varepsilon(i,t) \qquad (4.24)$$

R&Dに関するモデルは以下のように書ける。

$$R\&D(i,t) = \alpha_0 + \alpha_1 REGULATION(i,t) + \alpha_2 Scale(i,t) + \alpha_3 CF(i,t) \\ + \mu(i) + \varepsilon(i,t) \qquad (4.25)$$

ここで*TFP*は，TFP成長率で生産関数を推定することにより求める。*R&D*は，R&D投資額対売上高比率である。*Scale*は，企業規模で企業の売上高である。キャッシュフローは，企業の減価償却費と利益の合計である。*REGULATION*は，われわれの規制指標である。α_0，α_1，α_2，α_3，α_4は，パラメータである。われわれのモデルは，基本的にSakakibara and Branstetter（2001）に規制を導入したものと考えられる。

この分析で使用された規制以外のすべてのデータは，日経のNEEDSデータを使用している。1985年から2000年までの医薬品産業，化学産業，電気機械産

表4.8 基本統計量の比較

変数	標本数	平均	標準誤差
アウトプット	1422	523289.1	826065.1
雇用者数	1422	9434.748	13683.57
資本ストック	1422	253949.1	279216.2
R&D	1422	0.332254	0.326620
売上高	1422	534666.9	806018.2
キャッシュフロー	1422	44836.17	55252.52
規制（全体）	1422	0.184599	0.309187
規制（部分）	1422	0.251347	0.305878

出所：規制のデータは筆者作成，他は「日経 NEEDS」日本経済新聞社のデータを使用した。

業，精密機械産業，輸送機械産業の101社のデータである。なお規制のデータは前節で使用されたものと同じである。

使用されたデータの基本統計量が表4.8にある。サンプル数は約1400である。R&D 売上高比率は3％である。Sakakibara and Branstetter（2001）では，5％であった。規制（全体）は18％であり，規制（部分）は25％であった。

4.2.3 結果

われわれは，TFPと規制の関係を分析する前に，TFPを計測する必要がある。次の生産関数を仮定する。

$$log Y(i,t) = \alpha_0 + \alpha_1 log K(i,t) + \alpha_2 log L(i,t) \\ + \alpha_3 year(t) + s(i,t) + e(i,t) \qquad (4.26)$$

ここで，$Y(i,t)$ はアウトプット，$K(i,t)$ は資本ストック，$L(i,t)$ は労働投入で，いずれも，t 期で企業 i に関する。t はタイムトレンドで，$s(i,t)$ は観測できない企業に特有な効果，$e(i,t)$ は攪乱項である。係数の α_0, α_1, α_2, α_3 はパラメータである。モデルにおける内生性を考慮して階差をとって，GMMで推定する。

生産関数の推定結果が，表4.9にある。この生産関数には，規模に対して収

表4.9 生産関数のパラメータ推定結果

	従属変数：アウトプット
資本	0.5065
	(0.0795)
決定係数	0.105
標本数	949

注：（ ）内は，標準誤差
出所：規制のデータは筆者作成，他は「日経NEEDS」日本経済新聞社のデータを使用した。

表4.10 TFPと規制の推移

年	TFP成長率	規制（部分）	規制（全体）
1986	0.59%	19.62%	25.73%
1990	0.67%	19.09%	25.50%
1995	1.22%	18.50%	25.30%
2000	5.16%	17.68%	24.63%

出所：規制のデータは筆者作成，他は「日経NEEDS」日本経済新聞社のデータを使用した。

穫一定の仮定がなされている。資本の係数の値は正であり0.5だった。したがって労働の係数の値は0.5になる。この生産関数のパラメータの値をもとにしてTFPの成長率を計測することができる。4.26式の階差の残差は，TFP成長率と定義することができる。TFP成長率と規制の値が，表4.10に収められている。TFP成長率は，1996年から2000年に最も高かった。TFP成長率は，上昇していった。同時に規制は部分も全体も低下していった。したがって，TFP成長率と規制の間には負の関係がある可能性がある。それは，規制緩和の進展がTFP成長率を上昇させる可能性があることを意味している。

4.24式の推定結果が表4.9にある。規制は全体，部分ともにすべての推定式で負で有意であった。したがって規制の強化は，TFP成長率の低下をもたらす。この結果は，市場の独占度が上昇するとイノベーションを低下させるとい

表4.11 規制のTFPに与える影響

	被説明変数：TFP					
	(1)	(2)	(3)	(4)	(5)	(6)
$TFP(t-1)$	0.7474	0.7059	0.6073	0.5400	0.7415	0.7054
	(0.0044)	(0.0049)	(0.0069)	(0.0082)	(0.0055)	(0.0056)
$TFP(t-2)$	0.0282	0.0253	0.0050	0.0067	0.0274	0.0258
	(0.0010)	(0.0009)	(0.0012)	(0.0009)	(0.0014)	(0.0010)
規制$(t-1)$	−0.4546	−0.3926		−0.4518		
（部分）	(0.0045)	(0.0033)		(0.0047)		
規制$(t-1)$		−0.3290		−0.2978		−0.3293
（全体）		(0.0044)		(0.0037)		(0.0027)
$R\&D(t-1)$	0.9281	0.9079	0.8172	0.7963	0.9237	0.9087
	(0.0037)	(0.0048)	(0.0034)	(0.0048)	(0.0036)	(0.0045)
売上高$(t-1)$			−0.0059	0.0175		
			(0.0034)	(0.0034)		
キャッシュフロー$(t-1)$					0.0026	0.0033
					(0.0004)	(0.0005)
定数項	0.0099	0.0101	0.0086	0.0089	0.0098	0.0103
	(0.0001)	(0.0002)	(0.0002)	(0.0002)	(0.0001)	(0.0002)

注：（ ）内は，標準誤差
出所：規制のデータは筆者作成，他は「日経NEEDS」日本経済新聞社のデータを使用した。

う意味である。この結果は，シュンペーター仮説とは，逆の結果になっている。Geroski（1991）の結果を支持することになっている。R&Dのパラメータもすべての推定式で正で有意であった。規模の符号は確定できなかった。規模の上昇が，TFP成長率の上昇をもたらす場合もあれば，逆にTFP上昇率の低下をもたらす場合もあった。

4.25式の推定結果が表4.12にある。規制は全体・部分ともにすべての推定式で負で有意であった。したがって規制の強化は，R&D成長率の低下をもたらす。この結果は，市場の独占度が上昇するとイノベーションを低下させるという意味である。この結果は，シュンペーター仮説とは，逆の結果になっている。Geroski（1991）の結果を支持することになっている。この結果は，TFPの

表4.12 規制のR&Dに与える影響

	被説明変数：R&D					
	(1)	(2)	(3)	(4)	(5)	(6)
$R\&D(t-1)$	0.0243	0.0255	0.0252	0.0268	0.0252	0.0265
	(0.0001)	(0.0002)	(0.0001)	(0.0001)	(0.0001)	(0.0002)
$R\&D(t-2)$	−0.0269	−0.0253	−0.0260	−0.0243	−0.0260	−0.0243
	(0.0001)	(0.0001)	(0.0001)	(0.0001)	(0.0002)	(0.0002)
規制$(t-1)$	−0.7191		−0.7291		−0.7306	
（部分）	(0.0055)		(0.0046)		(0.0041)	
規制$(t-1)$		−0.5029		−0.5107		−0.5110
（全体）		(0.0046)		(0.0051)		(0.0046)
売上高$(t-1)$	0.0033	0.0085			0.0066	−0.0023
	(0.0016)	(0.0022)			(0.0019)	(0.0025)
キャッシュフロー$(t-1)$			0.0235	0.0244	0.0242	0.0247
			(0.0004)	(0.0005)	(0.0003)	(0.0005)
定数項	0.0014	0.0029	0.0013	0.0027	0.0012	0.0027
	(0.0001)	(0.0000)	(0.0000)	(0.0000)	(0.0000)	(0.0000)

注：（　）内は、標準誤差
出所：規制のデータは筆者作成，他は「日経NEEDS」日本経済新聞社のデータを使用した。

上昇率に関する結果と同じである。したがって，規制のイノベーションに対する影響は，イノベーションの代理変数が異なっても同じであり，ロバストな結果になっている。R&Dのパラメータもすべての推定式で正で有意であった。規模に関しては，一つの推定式で有意ではなかった。しかしながら他の推定式の規模に関する符号は，正で有意であった。したがって規模の拡大はイノベーションを促進する。

4.2.4 結語

　この節の目的は，規制とイノベーションの関係を調べることにあった。企業個々のパネルデータを用いて分析を行った。規制がイノベーションを促進するか，低下させるかを調べることにある。イノベーションの代理変数としては，TFP成長率とR&Dが採用された。そして1985年から2000年までの，医薬，化

学，電機機械，精密機械，輸送機械の101社が選ばれて分析された。

　ここでは，TFP成長率は，生産関数の推定から計測された。TFP上昇率は，年々増加している。また規制は，年々低下していた。TFP成長率，R&Dともにすべての推定式で規制は部分，全体ともに負で有意であった。したがって規制の進展は，イノベーションの低下をもたらすことになっている。現状の規制緩和政策を支持する結果になっている。この結果はシュンペーター仮説とは逆の結果になっている。近年ではむしろイノベーションと競争性に関する実証分析は，シュンペーター仮説を支持しない結果の方が多く，この分析もそうした結果になっている。

　われわれは，この章で，規制とイノベーションの関係を分析した。政府の規制は市場の効率性を阻害しているが，そうした市場では，イノベーションは同様に阻害される。この結果は前章の結果と整合的である。市場は効率的であるほどイノベーションが促進されることが確認された。

注
1) y, rd は，1企業の値であるため，市場の値は，それぞれ n 倍したものである。
2) JIP2006は，経済産業省経済産業研究所において，深尾京司，宮川努氏らによって開発されたデータベースであり，現在ではJIP2012である。

第5章　IT資本のマクロ経済への貢献に関する分析

　本章と次章では，ITに関する分析をおこなう。特にITのマクロ経済への影響に関しての分析をおこなう。一つは本章のITの生産性，経済成長への影響である。また次章ではITの労働市場への影響に関する分析をおこなう。ITは近年特に注目すべき資本の一つである。そこでITをイノベーションの指標の一つと考えて分析をおこなう。ITは特にマクロ的には，労働との関係が注目される，そこでこの章でもそうした点を中心に見ていきたい。ここでは，双対性のもとで資本の調整を考慮した可変費用関数が用いられている。そしてITが，労働生産性の増加とGDPの成長に有意に貢献していることがわかった。ただしデータの制約上，分析のより新しい時期では明確ではなかったが，より以前であれば明確に貢献している。もちろん資本，TFPも貢献している。

5.1　はじめに

　ここでは，新たなストックをモデルに組み込みたい。この章で組み込むストックはITに関するストックである。ITは近年最も脚光を浴びているものの一つである。しかしながら資本ストックの一種としては，統計上の扱いがまだ不十分なため十分な分析がなされていない。ましてトランスログモデルとしては，あまり扱われていないものである。
　本論文では，日本においてIT資本がマクロ経済にはたした役割を実証的に検証することが目的である。IT資本のシャドウプライスを計測し，生産性と経済成長へのIT資本の貢献を実証的に計測する。そして一般資本と労働へ与えた影響にも言及していく。
　IT資本への投資は，大変活発である（USDC, 1998, 1999）。特に米国では

近年の好景気がニューエコノミーと呼ばれ，その源泉がコンピューターに代表されるIT資本によっているとしばしばいわれている。つまりIT資本の出現によって，いろいろなコストを企業は軽減することができるようになったり，新たな需要を創造することが可能となり，結果として，経済全体つまりマクロ経済の生産性を上昇させ，価格を安定させることを通じて，生産量を増加させることになったからといわれている（USDC, 1998, 1999）。

　IT資本の価格の低下がマクロの価格水準へ貢献していることはほぼ信じられている（USDC, 1998, 1999）。しかしながらIT資本の価格の研究は非常に少ない。Jorgenson and Stiroh（1995）によれば70年代からIT資本の価格は極端に下がっている。一方IT資本の生産性と経済成長への寄与は厳密な定量的な証拠はまだ存在していないとされている（USDC, 1998, 1999）。IT資本の先進的な国である米国でさえも，IT資本の生産性と経済成長への寄与はまだ定量的には確定していない。Siegel and Griliches（1992）以外のやや以前の研究（Berndt and Morrison, 1995; Oliner and Siegel, 1994）では，IT資本が生産性および生産量の増加に貢献している証拠は得られていなかった。本来，大変利用価値が高いと想像できるIT資本と生産性および生産量の間に関係がないことはむしろ意外なことであり，生産性のパラドックスといわれていた。

　彼らの分析は，主にコブ・ダグラス関数のモデルで成長会計をおこなっているものである。したがってまずモデルの関数形に関する問題点が指摘できる。計測値が全期間について一つしか得られない。したがってIT資本の影響は近年に強いはずであるがそうした点は考慮されていない。次にデータに関してアグリゲートされたものについては，IT資本のデータだけでなく生産量や資本についてもIT資本の影響を正しく反映できていない可能性がある。さらにIT資本は近年より伸びている資本であるが，まだ出現して時間がたっていないためデータが十分に存在していない。

　近年のSiegel（1997）の分析では，IT資本は経済成長または生産性に貢献しているという結果を得ており，Siegel and Griliches（1992）の生産性とIT資本には正の関係があるという結果を補強している。彼らの分析はIT資本の質について着目したものである。質を新たに調整し直したデータを用いたこと

第5章 IT資本のマクロ経済への貢献に関する分析

が原因である。またMorrison（1997）では，双対アプローチにより一般化レオンチェフ費用関数を用いてIT資本のqの値を計測している。そこではIT資本の投資が適切におこなわれ，一般資本よりも高い収益を生んでいたことが示されている。このように最近の研究ではむしろIT資本と生産性及び成長との関係を肯定する結果が米国では現れている。

日本においては米国よりもIT資本の普及が遅れていたために（篠崎，1998），IT資本の分析そのものがまだそれほどおこなわれていない。篠崎（1998）が先駆的な研究であり，新庄・張（1997），西村・峰滝（2004），依田（2007）がある。そこでは，経済成長及び生産性に対してIT資本が貢献していることを示している。

篠崎では日本におけるIT資本のデータについて詳細な解説がなされ，IT資本のデータが作成され，またIT資本の生産性への貢献を定量的に計測している。さらにIT資本の収益率についても計測している。篠崎はコブ・ダグラス関数を用いていた。そのため関数形に関する問題が生じる。篠崎ではデータは，総務省の産業連関表を用いて作られており，総務省の産業連関表は5年ごとにしか刊行されないため，途中の期間に関しては他の情報を利用して補間されている。経済産業省の産業連関表の延長表を使用すると毎年刊行されるためより正確なデータを作成できる可能性がある。

新庄，張（1998）では，データは経済産業省の産業連関表の延長表を使用している。分析としては日米比較をおこなっている。生産性および経済成長についてはコブ・ダグラス関数のモデルを用いており，以前の米国の研究および篠崎の研究と同様の方法である，そこでは生産性に貢献していることを証明している。さらにMorrison（1997）と同様に，双対アプローチにより一般化レオンチェフ費用関数を用いてIT投資のqについて計測している。やはりMorrison（1997）の値と近い値である。しかしながらqの値は全産業レベルではかなり低く，一般資本の方が大きい場合も多い。

このようにIT資本が経済成長及び生産性の上昇に対して貢献しているかどうかは，近年の研究においては肯定されているが，モデルとしては，コブ・ダグラス関数のモデルが中心であるため，さらなる一般化が必要となろう。そこ

で本論文ではモデルをトランスログモデルに一般化して，IT 資本が生産性及び経済成長に対して貢献しているかどうかを確認する。

ところで IT 資本が経済成長及び生産性の上昇に貢献しているかどうかは，一つには IT 資本への投資が適切におこなわれていたかどうかが問題になる。こうした点に対して Morrison（1997）は IT 資本を準固定要素としたモデルを構築して Tobin の q の値を計測している。そこでは IT 資本への投資がほぼ適切におこなわれていたことを主張している。しかしながらその値自体は小さい。さらに一般資本の値と比較してもそれほど差がないという結果になっている。新庄・張（1998）も同様のモデルを構築してわが国のデータに適用している。そこではやはり IT 投資が適切におこなわれていたことが示されている。しかしながら特に全産業の分析においては一般の資本の投資基準と比べてあまり差がない結果になっている。

IT 資本の投資については，その収益率から考えることもできる。Litchtenberg（1995）では IT 資本の収益率が一般資本と比較して極めて高いことが述べられている。Brynjolfsson and Hitt（2000）でも同様の結果が得られている。また日本に関しても篠崎では同様に大きな差があることが述べられている。

そこで本分析では投資の適切さを定量的に示す。われわれの使用するモデルは，トランスログモデルであり Morrison（1997），新庄・張（1998）らは一般化レオンチェフモデルを使用していた。われわれは IT 資本のみが準固定要素としている。したがって Morrison（1997），新庄・張（1998）らよりは制限的である。しかしながらわれわれの分析は投資基準の計測だけでなく経済成長と生産性に関しての分析を同時におこなう。つまり整合的なモデルの中で IT 資本の効果について包括的に分析ができることになる。

この分析は以下のように構成されている。第 2 節でモデルとデータと推定方法が述べられ，第 3 節で実証結果が述べられ，議論され，第 4 節で結論が述べられている。

5.2 モデル

本章では，いわゆる双対性による費用関数によるアプローチを用いる。
次の可変費用関数を採用する。

$$VC = VC(w_K, w_N, X_{IT}, Y, t) \tag{5.1}$$

ここで，Y は産出量，X_i は第 i 投入要素であり，i は資本；K，労働；N，IT 資本；IT であり，t はタイムトレンドである。w_i は第 i 投入要素の価格である。C は費用である。費用は資本・労働費用の合計であり，それぞれの価格，生産量，IT 資本の関数である。

可変費用関数がすでに定義されているが，次に総費用関数は以下のように書ける。

$$TC = VC(w_K, w_N, X_{IT}, Y, t) + w_{IT} X_{IT} \tag{5.2}$$

すると，IT 資本に関してのシャドウプライス（SPIT）は以下のように書ける。

$$SPIT = -\frac{\partial VC(w_K, w_N, X_{IT}, Y, t)}{\partial X_{IT}} \tag{5.3}$$

トービンの q を以下のように定義する。

$$q = \frac{SPIT}{w_{IT}} \tag{5.4}$$

経済成長率は，以下のように分解する。

$$\dot{Y} = S_{X_N}\dot{X}_N + S_{X_K}\dot{X}_K - VC_{X_{IT}}\dot{X}_{IT} + \dot{TFP} \tag{5.5}$$

ここで，S_{Xi} は投入要素 i のコストシェアである。TFP は全要素生産性である。

また，労働生産性の上昇率 $\dot{LP}$ は，以下のように分解する。

$$\dot{LP} = (S_{X_N}-1)\dot{X}_N + S_{X_K}\dot{X}_K - VC_{X_{IT}}\dot{X}_{IT} + \dot{TFP} \tag{5.6}$$

費用関数は直接推定することはできないため,費用関数の関数形を決める必要がある。そこでトランスログ費用関数を以下のように費用関数に適用する。

$$\ln C = a_0 + \sum_i a_i \ln w_i + \frac{1}{2} \sum_i \sum_j a_{ij} \ln w_i \ln w_j + \sum_i a_{iY} \ln w_i \ln Y$$
$$+ a_Y \ln Y + \frac{1}{2} a_{YY} (\ln Y)^2 + \beta_{ITY} \ln X_{IT} \ln Y + \sum_i \beta_{iIT} \ln w_i \ln X_{IT}$$
$$+ \beta_{IT} \ln X_{IT} + \frac{1}{2} \beta_{ITIT} (\ln X_{IT})^2 + \beta_{IT} \ln X_{IT} t + \beta_t t \tag{5.7}$$

上述のトランスログ費用関数は費用関数の中で一般化されている。先験的な制約が存在しない,特に代替の弾力性は制約を受けない。さらにそれぞれの統計量が観測値ごとに得られるため相互に比較できる。この費用関数は最大化行動のもとで得られている。われわれの費用関数は価格に関して一次同次である。したがって以下の条件が必要である。

$$\sum_i a_i = 1, \quad \sum_i a_{ij} = 0, \quad \sum_j a_{ij} = 0$$
$$\sum_i \beta_{iIT} = 0, \quad \sum_i a_{iY} = 0, \quad a_{ij} = a_{ji} \tag{5.8}$$

われわれはシェファードのレンマによりおのおのの投入要素ごとに以下のシェア関数を得る。

$$S_i = \frac{w_i X_i}{C} = \frac{\partial \ln C}{\partial \ln w_i} \tag{5.9}$$

ここで,S_i は第 i 要素のコストシェアである。この論文では,4つの投入要素が採用されている。そこで3つのコストシェア関数がおのおのの価格とタイムトレンドによって決定される。

5.3 データ

費用関数 (5.7) 式と任意の二本のシェア関数さらに逆需要関数を 3 SLS[1] によって推定する。われわれのモデルは連立方程式であるため,体系推定が適用される。データは以下に説明される。生産量は,実質 GDP であり,労働投入量は,雇用者数であり,賃金は1人当り雇用者所得であり,いずれも国民経済

計算年報（総務省）から収集されている。実質資本ストックは，民間企業資本ストック（総務省）から収集された。また卸売り物価指数は，経済統計年報（日本銀行）から収集された。資本コストは，経済統計年報（日本銀行）から収集された投資財価格デフレータに同書から収集された平均約定金利と国民経済計算年報（総務省）から収集された資本減耗率を足したものをかけることにより得られている。

最後にIT資本のデータについて述べたい。まずわが国のデータとしては，IT資本という品目のデータは存在しない。そこでなんらかの項目から作り上げることになる。そしてわれわれは米国における先行研究を参考にした。われわれは，経済産業省が作成している産業連関表の延長表を利用する。この産業連関表を利用すれば項目ごとの集計が可能になる。そこでITは，複写機，ワードプロセッサー，その他の事務用機器，電子計算機本体，電子計算機付属品，有線・無線電気通信機器，その他の電気通信機器，電子応用装置，電気施設からなっている。この品目の合計値から名目のIT資本投資額を定義する。これをストック化するために，篠塚の使用した米国の減耗率を利用する[2]。さらに実質値に変換するためにはなんらかのデフレータが必要になるが，これは同じ産業連関表の民間最終需要デフレータを利用する。

5.4 推定結果

パラメータの推定結果が表5.1に収められている。18のパラメータのうち12個が有意であった。完全な結果ではないが，推定結果に特に問題はない。IT資本に関連するパラメータについてはそのすべてが有意ではなかったものの，特に問題はない。

IT資本のシャドウプライスの計測結果が表5.2にある。このIT資本のシャドウプライスは，IT資本の限界生産性である。IT資本のシャドウプライスは初期時点から1991年まで減少していて，1991年の値が最小である。IT資本のシャドウプライスは1993，1994年にわずかに上昇している。1989年以降の変動はそれ以前に比べてより小さい。

表5.1 費用関数パラメータ推定結果

パラメータ	推定値	t-値	パラメータ	推定値	t-値
α_0	−71.82	−0.265	α_N	4.617	6.752
α_K	−3.617	−5.290	α_{KN}	−0.160	−24.42
α_{KK}	0.160	24.42	α_{NN}	0.160	24.42
α_{NY}	−0.339	−4.121	α_{KY}	0.339	4.121
β_{ITY}	0.688	0.358	α_Y	23.71	0.369
α_{YY}	−2.776	−0.363	β_{NIT}	0.038	1.788
β_{KIT}	−0.038	−1.788	β_{IT}	−6.715	0.419
β_{ITIT}	−0.120	−0.244	β_{ITt}	0.000	−1.673
β_t	0.013	7.363	Dummy	−0.016	−3.485

出所:「国民経済計算年報」内閣府,「民間企業資本ストック」内閣府,「経済統計年報」日本銀行,「産業連関表延長表」経済産業省のデータを使用。

表5.2 シャドウプライスと q の推移

年	シャドウプライス	q
78	39.931	36.324
79	30.714	23.630
80	24.779	16.725
81	20.196	11.352
82	17.518	14.727
83	15.243	13.198
84	12.198	11.694
85	8.988	9.212
86	7.739	9.054
87	5.605	7.158
88	3.584	4.807
89	2.411	2.911
90	1.874	1.912
91	0.936	1.371
92	0.794	1.278
93	1.243	2.147
94	1.227	2.211

出所:「国民経済計算年報」内閣府,「民間企業資本ストック」内閣府,「経済統計年報」日本銀行,「産業連関表延長表」経済産業省のデータを使用。

第5章　IT資本のマクロ経済への貢献に関する分析

　第一に，IT資本のシャドウプライスは，この分析の計測期間の前半と近年では大きな違いがある。実際にIT資本の現実の価格はかなり高かった。個人的な使用は困難であった。パソコンは1980年前半に生まれており，まだ企業ではメインフレームコンピューターが中心であった。対照的に今日では1990年以降のWindowsの出現とともに，パソコンは企業だけでなく家庭でも使われている。また携帯電話も多くの人々によって使用されている。そのような変革の理由の一つとして，IT資本の価格の低下があげられる。われわれのIT資本のシャドウプライスの計測結果はそうした状況を映し出している。

　第二に，近年のIT資本のシャドウプライスは，以前よりも安定している。IT資本の価格の低下はほぼ継続している。しかしながら価格の引き下げ競争も限界に近づいている。価格の低下は，価格は確かに下がっているが，下がり方は遅くなっているという段階である。

　IT資本がきわめて貢献しているという現在の米国のいわゆるニューエコノミーと呼ばれる好況のもとでも強いインフレは起こっていない。日本においても現在インフレは深刻な経済問題ではない。その理由の一つはIT資本の進展による可能性がある。IT資本の増加はめざましいが，その価格は質の増加を考慮しても低下している。しかしながら政府の公式な価格指数の統計では比較的安定している。そこで公式の価格指数の統計は，IT資本の価格はかなり下がっているというわれわれの実感を反映していない可能性がある。一つのIT資本の価格の作成方法として，IT資本の質を考慮するヘドニック法の必要がある。またもう一つの方法としてわれわれのこの論文の方法のようにIT資本のシャドウプライスを計測する方法もある。われわれの結果はIT資本の価格の大幅な低下を示している。したがってそうした大幅なIT資本の価格は近年の安定したインフレをもたらしている可能性がある。

　長期の均衡においては，IT資本の限界生産力と現実のIT資本の価格は等しい。短期では一般に等しいとはいえない。そこで現実のIT資本の価格に対するシャドウプライスの比率はIT資本の投資の効率性を意味する。この比率は，IT資本の場合のモデルという違いはあるが，一般にはトービンのqの値である。一般資本のトービンのqの値の計測は多くの先行研究がある。その値は通

常0.5から2の値である。米国においてはMorrison（1997）がIT資本のトービンのqの値を計測しており，値は産業間でかなり狭い範囲に分布している。日本では新庄・張（1998）がMorrisonの方法を採用しているが，結果もMorrisonに近い傾向である。

われわれの結果は彼らの結果とはかなり異なっている。われわれの結果は計測の前半はMorrison（1997），新庄・張（1998）と比べてかなり大きい。この違いはモデルの違いによっていると考えられる。彼らのモデルでは限界生産力は，調整コストを含んでいるが，われわれのモデルでは含んでいない。一方，IT資本の収益率の計測は，またトービンのqに近い。IT資本の収益率は米国（Brynjofson and Hitt, 2000; Lichtengerg, 1995）と日本（篠崎，1999）のすべての分析で一般資本よりも10から20倍大きい。したがってIT資本はきわめて高く評価されている。われわれの結果もそうした研究に近い。

そして生産とシャドウプライスの値の関係も簡単に調べた。日本では1986年から1990年までいわゆるバブル経済と呼ばれる好景気だった。シャドウプライスの値はそれほど高くなかった。シャドウプライスの値は1985年より以前が高かった。この期間には不況も含んでいる。したがってシャドウプライスの値は景気循環の影響を受けているのでなく，利用価値や質によっている。

われわれはTFPの値も調べた。TFPの成長率はいろいろな定義の仕方がある。一般に投入要素の増加はGDPの増加を招く。TFPはGDPの増加から投入要素の増加を除いた残差の部分である。一方でTFPは技術進歩と規模の経済の合計とも解釈できる[3]。

われわれは労働生産性の増加を分解する。表5.3はおのおのの投入要素の労働生産性の増加への貢献を示している。労働生産性の増加はおのおのの投入要素，技術進歩，TFPの貢献に分解できる。IT資本の貢献は1987年以前すべての投入要素の中で最も大きい。一般資本とTFPの貢献は1988から1991までの間すべての要素の中で最も大きかった。近年はそれぞれの要素の順位がはっきりしない。労働の貢献は常に負であった。したがって労働投入の増加は労働生産性を悪化させる。

1988から1991年の期間はいわゆるバブル経済の時期である。バブル経済の特

第5章 IT資本のマクロ経済への貢献に関する分析

表5.3 労働生産性要因分解の推移

年	N	K	IT	TFP
78	−2%	26%	71%	5%
79	−3%	37%	54%	12%
80	−3%	37%	74%	−8%
81	−6%	16%	113%	−23%
82	−11%	46%	111%	−45%
83	−14%	67%	70%	−23%
84	−2%	64%	35%	3%
85	−4%	35%	31%	38%
86	−2%	8%	85%	9%
87	−1%	20%	46%	35%
88	−4%	35%	27%	41%
89	−8%	37%	22%	49%
90	−11%	51%	19%	42%
91	−22%	51%	16%	55%
92	46%	69%	−38%	22%
93	13%	−19%	−49%	155%
94	0%	96%	34%	−30%

出所：「国民経済計算年報」内閣府，「民間企業資本ストック」内閣府，「経済統計年報」日本銀行，「産業連関表延長表」経済産業省のデータを使用。

徴の一つは，過剰な土地と設備への投資である。したがってこの期の経済成長は，一般資本によっている。さらに生産量はきわめて上昇した。したがって規模の経済の存在がバブル期にはみられる。TFP成長率の貢献は規模の経済性の結果である。IT資本の貢献はそれらの要素の貢献より強くない。しかしながらIT資本の貢献の水準は，バブル期でもやはり高い。

われわれはIT資本と生産性のパラドックスについて再び論じる。IT資本の労働生産性への貢献は発見できた。IT資本が労働生産性に貢献しているかどうかは，IT資本が直接生産量の増加へ貢献しているかまた労働の代替とのインパクトによる。IT資本への投資の増加は続いており，シェアは上昇している。さらにIT資本は労働との代替を進めている。そこでIT資本の貢献は労

表5.4 GDP成長要因分解の推移

年	N	K	IT	TFP
78	9%	24%	64%	4%
79	9%	33%	48%	10%
80	7%	33%	67%	−7%
81	14%	13%	91%	−19%
82	24%	31%	76%	−31%
83	29%	41%	44%	−14%
84	5%	60%	32%	3%
85	12%	30%	26%	32%
86	10%	7%	75%	8%
87	6%	19%	42%	33%
88	13%	29%	23%	34%
89	20%	28%	16%	36%
90	21%	36%	13%	30%
91	34%	28%	9%	30%
92	158%	−76%	41%	−24%
93	−106%	−45%	−117%	368%
94	−1%	97%	35%	−31%

出所:「国民経済計算年報」内閣府,「民間企業資本ストック」内閣府,「経済統計年報」日本銀行,「産業連関表延長表」経済産業省のデータを使用。

働生産性へ向かう。

われわれはGDPの増加への投入要素の貢献も論じたい。表5.4はGDPの成長要因分解の推移である。生産量の増加への貢献を計測する方法は労働に関する取り扱いが異なる以外は，労働生産性への貢献を計測する方法と同じである。労働の生産量の増加への貢献はほぼ正であるが，バブルの一時期を除いて投入要素の中で最も弱いといえよう。残りの要素の貢献は労働生産性の増加への貢献と同じである。IT資本はGDPの増加に対して貢献していないといわれるが，われわれの結果はGDPの増加に貢献していることを証明している。しかしながら他の要素の貢献もまた重要である。一般資本は生産量の増加に強いインパクトを与える。

5.5 むすび

われわれはIT資本を含んだトランスログ費用関数のモデルを構築した。トランスログ費用関数の推定結果は問題がない。したがってIT資本を含んだトランスログ費用関数の適用が可能である。

IT資本のシャドウプライスは初期時点から1991年まで減少していて，1991年の値が最小である。IT資本のシャドウプライスは1993，1994年にわずかに上昇している。1989年以降の変動はそれ以前に比べてより小さい。IT資本のシャドウプライスは，この分析の計測期間の前半と近年では大きな違いがある。われわれの結果はIT資本の価格の大幅な低下を示している。したがってそうした大幅なIT資本の価格は近年の安定したインフレをもたらしている可能性がある。

ITは，労働生産性およびGDPの成長に対して貢献していることが確認できた。しかしながら87年以前は，その貢献が明確であったがその年以降は，貢献はあるものの資本，労働，TFPの貢献の方がより貢献しているという結果であった。

今後の課題としてはIT資本も通常の資本の一つである，したがってダイナミックな関係を持っている。そこでモデルの動学化が必要であろう。さらにデータはマクロデータであった。産業別のより詳しいデータが必要であろう。

注
1) 操作変数は各変数の2期ラグのついたおのおのの変数である。
2) 新庄・張では電気機械産業の減耗率を使用していた。われわれはその減耗率についても試みたが大きな差はなかった。
3) モデルの違いにより他の解釈も可能である。

第6章　IT資本と雇用に関する分析

　本章は，前章のITの分析を補完する分析である。イノベーションは，生産性に影響を与えていくが，その結果雇用へも波及して，主に省力化をもたらすことが多い。そうであればITは労働との代替が可能であり，省力化をもたらすものということになる。この章では，ITと労働に関して実証的に検証していくことによりイノベーションの影響を補足して確認する。双対性から定義された費用関数による分析で，ITと生産要素の関係が定量的に計測され，ITに代表されるイノベーションが，労働に対して，プラスに作用するかマイナスに作用するかが検証され，IT資本は，雇用者数の削減をもたらしていることがわかった。つまりITによるイノベーションの影響のために，省力化がより進展して，労働者が削減されることになっている。

6.1　理論的方法

　ITと雇用との関係を分析するには，その代替の弾力性を計測することが定量的な方法になる。一般的には，2財の場合には，まず生産関数を以下のように定義する。

$$Y = f(K, L) \tag{6.1}$$

　このときの生産要素 K の価格を r，L の価格を w とすると，代替の弾力性が次のように定義できる。

$$\sigma = -\frac{r/w}{K/L} \frac{d(K/L)}{d(r/w)} \tag{6.2}$$

　ある要素の価格が変化すると，他の要素との要素価格比率が変化する。そう

するとその要素の価格に対応して生産要素を需要しているため生産要素間の比率も変化することになる。代替の弾力性は，生産要素間の価格比率の変化が，生産要素間の量の比率にどう反映されるかを示しているものである。この場合は生産要素が2財であったため，この定義で問題なかったが，生産要素が3財以上になると，別の定義が必要で，Hicks-Allenの偏弾力性の定義が一般的である。

$$\sigma_{ij} = \frac{C(\partial^2 C/\partial w_i w_j)}{(\partial C/\partial w_i)(\partial C/\partial w_j)} \tag{6.3}$$

ここで，Cは費用関数とする。この弾力性の値を用いて，IT資本と雇用との関係を調べていくことができる。

6.2 はじめに

近年，ITは，急激に増加している[1]。しかもIT資本は，経済環境に強い影響をあたえている，特にビジネスにおいて強い影響をあたえている。新しい資本と雇用との関係は，重要な課題である。問題は，IT資本は雇用機会を増加させるのか，または減少させるのかということである。

いくつかの研究は，雇用とIT資本について分析している(Berndt and Morrison, 1995；Van Reenen, 1997；Morrison, 1997)。Van Reenen (1997) は，IT資本と技術進歩の代理変数としてのイノベーションとの研究をサーヴェイしている[2]。Morrison (1997) の研究以外のすべての先行研究は，単一方程式のモデルである。したがって生産関数の関数形は，これらの研究のほとんどで，コブ・ダグラスである。したがって投入要素間の代替の弾力性の値は先験的に決められている。

Morrison (1997) は，そうした批判に応え，一般化レオンチェフ費用関数を採用し費用最小化行動のもとでのモデルを構築した。したがってMorrison (1997) のモデルにはミクロ的基礎付けがある。Morrisonの研究では，この関係について分析され論じられてはいるものの，中心の分析目的は雇用とIT資本の関係についてではない。雇用とIT資本の関係は，労働投入とIT資本

の投入の間の弾力性に依存している。その関係は，20産業中14産業で負の関係であった。したがってその関係が正であるか負であるかあまり明白ではない。

この研究では，われわれは，トランスログ費用関数を採用している。トランスログ関数は，先験的な制約がない。したがって代替の弾力性は，先験的に制約されない。その上，価格弾力性などのいくつかの指標がサンプルから得られる。特に代替の弾力性と自己価格弾力性が計測される。IT資本のインパクトが分析される。さらに労働需要が分解され他の投入要素の価格の影響と自己価格の影響が計算される。したがってIT資本のインパクトが他の投入要素と比較される。

6.3 モデル

この分析では，われわれは双対アプローチにより費用関数を採用する。
以下の費用関数が定義できる。

$$\ln C = \alpha_0 + \sum_i \alpha_i \ln w_i + \frac{1}{2}\sum_i\sum_j \beta_{ij} \ln w_i \ln w_j + \sum_i \beta_{it} \ln w_i t + \beta_t t + \frac{1}{2}\beta_{tt} t^2 \quad (6.4)$$

ここで，Cは単位あたり費用，w_iは投入要素の価格で，Kは資本，Nは労働，ITはIT資本である。このトランスログ費用関数は近年の費用関数による分析の中で一般化されている。このモデルには，先験的な制約がない。特に代替の弾力性は制限されていない。この費用関数は，最大化行動から導かれている。したがって，このコスト関数は，投入要素価格に関して一次同次の制約が付いている。そこで以下の条件が必要である。

$$\sum_i \alpha_i = 1, \ \sum_i \beta_{ij} = 0, \ \sum_j \beta_{ij} = 0,$$
$$\sum_i \beta_{it} = 0, \ \beta_{ij} = \beta_{ji}$$

われわれはシェファードのレンマによりおのおのの投入要素ごとに以下のシェア関数を得る。

$$S_i = \frac{w_i X_i}{C} = \frac{\partial \ln C}{\partial \ln w_i} \quad (6.5)$$

ここで，S_i は第 i 投入要素のコストシェアである。この分析では3種類の投入要素が存在している。そこで3本のシェア関数が得られるが，1本は独立ではないため実際には2本のシェア関数である。おのおののシェア関数はおのおのの投入要素価格とタイムトレンドで決定されている。したがってわれわれは，次の投入要素需要関数が得られる。

$$X_i = X_i(w_K, w_N, w_{IT}, t) \tag{6.6}$$

われわれは，以下の投入要素の分解をおこなう（Kuroda, 1987）。

$$G(X_i) = \sum_j \eta_{ij} G(P_j) + \frac{\partial X_i}{\partial t} \tag{6.7}$$

ここで，$G(P_j)$ は P_j の成長率，η_{ij} は X_i の価格弾力性である。したがって労働需要は，価格とタイムトレンドで決定されている[3]。この価格効果は，6.7式の第1項に対応している。さらにタイム効果は，6.7式の第2項である。われわれは，雇用の値に興味があるため，時間効果は単純化のために無視する。おのおのの労働に対する価格のインパクトへのおのおののシェアは，以下のようになる。

$$SP_m = \frac{\eta_{Nm} G(w_m)}{\sum_j \eta_{Nj} G(w_j)} \times 100 \tag{6.8}$$

ここで，SP_m は第 m 要素の価格の労働に対するインパクトのシェアである。費用関数6.4式と，2本のシェア関数が，GMM で推定される。われわれのモデルは，同時方程式であるため，システム推定法が適用される。

IT のデータは，篠崎（1988）から得られている。IT に関しては，IT 資本の定義は，(1)コンピューターおよびその付属品，(2)電信・電話，(3)テレビ・ラジオ，(4)計算機，(5)事務機械である。この集計化は，Berndt and Morrison (1995) と同様である。

6.4　推定結果

パラメータの推定結果が表6.1におさめられている。15のパラメータのうち

第6章 IT 資本と雇用に関する分析

表6.1 費用関数パラメータ推定結果

パラメータ	推定値	t-値	パラメータ	推定値	t-値
α_0	2.97111	54.48	α_{IT}	0.02343	3.189
α_N	0.94765	39.95	α_K	0.02893	1.137
β_{ITN}	−0.00904	−7.345	β_{ITK}	0.03387	3.972
β_{KN}	−0.15337	−22.29	β_{ITIT}	−0.02483	−2.961
β_{NN}	0.16240	25.15	β_{KK}	0.11949	10.27
β_{ITt}	−0.00055	−1.540	β_{Nt}	0.00329	19.50
β_{Kt}	−0.00274	−6.500	β_t	0.02679	4.052
β_{tt}	−0.00186	−3.318			
J-Statistics	22.1777				
自由度	20				
P-value	0.3309				

出所:「国民経済計算年報」内閣府,「民間企業資本ストック」内閣府,「経済統計年報」日本銀行, 篠崎 (1988) のデータを使用。

表6.2 アレンの偏弾力性

年	σ_{ITK}	σ_{KN}	σ_{ITN}	年	σ_{ITK}	σ_{KN}	σ_{ITN}
77	2.576	0.323	0.451	86	2.925	0.335	0.531
78	2.856	0.338	0.463	87	3.106	0.327	0.562
79	2.465	0.313	0.451	88	3.143	0.324	0.567
80	2.231	0.264	0.395	89	2.847	0.333	0.552
81	2.348	0.294	0.429	90	2.455	0.323	0.553
82	2.438	0.309	0.442	91	2.581	0.328	0.575
83	2.542	0.321	0.454	92	2.927	0.322	0.599
84	2.590	0.326	0.468	93	3.399	0.295	0.609
85	2.617	0.329	0.478	94	3.701	0.270	0.616

出所:「国民経済計算年報」内閣府,「民間企業資本ストック」内閣府,「経済統計年報」日本銀行, 篠崎 (1988) のデータを使用。

14が有意であった。したがってトランスログ費用関数IT 資本を含めて適用することができる。

この節では,われわれはアレンの偏弾力性の値を論じる。表6.2に代替の弾

表6.3 自己価格弾力性

年	η_{IT}	η_K	η_N	年	η_{IT}	η_K	η_N
77	−1.589	−0.236	−0.194	86	−1.610	−0.281	−0.174
78	−1.646	−0.260	−0.186	87	−1.613	−0.295	−0.159
79	−1.560	−0.227	−0.194	88	−1.613	−0.297	−0.156
80	−1.515	−0.188	−0.181	89	−1.579	−0.282	−0.174
81	−1.537	−0.209	−0.191	90	−1.499	−0.255	−0.190
82	−1.558	−0.222	−0.194	91	−1.511	−0.271	−0.183
83	−1.579	−0.234	−0.194	92	−1.552	−0.295	−0.160
84	−1.583	−0.242	−0.193	93	−1.602	−0.308	−0.131
85	−1.583	−0.247	−0.192	94	−1.626	−0.308	−0.114

出所:「国民経済計算年報」内閣府,「民間企業資本ストック」内閣府,「経済統計年報」日本銀行, 篠崎 (1988) のデータを使用。

力性の値がおさめられている。代替の弾力性の値では, IT 資本と一般資本の間に関するものが最大であった。1985年以前は, 一般資本と労働の間の弾力性と IT 資本と労働の間の弾力性の値の差はそれほどでもなかった。1985年以降は, IT 資本と労働の間の弾力性の値は資本と労働の間の弾力性の場合より大きかった。

IT 資本と一般資本ストックの間の弾力性と IT 資本と労働の間の弾力性の値は, すべての期間の後半に上昇している。特に IT 資本と労働の間の弾力性については, 計測期間の後半に劇的に上昇している。一般資本ストックと労働の間の弾力性値はほとんど一定である。したがって IT 資本の労働に対する代替は, 確実に上昇している。IT 資本のインパクトは近年重要である。特に, 日本の賃金水準は他の国と比較して高い。したがって労働は他の投入要素以上に, 高価である。代替の値の上昇はこうした状況を反映している。

自己価格弾力性の推定結果が表6.3にある。IT 資本の自己価格弾力性はすべての投入要素の中で最も大きかった。本質的に IT 資本の購入は時間と労働の費用を下げる。したがって価格は最も重要な要素である。労働の自己価格弾力性の値は最も小さかった。終身雇用のもとで内部労働市場の発達した日本では, 労働は感応的ではない。すべての計測期間での値の変化を調べると, IT 資本

第 6 章 IT 資本と雇用に関する分析

表6.4　労働の変化に対しての要因分解

年	SP_{IT}	SP_K	SP_N	年	SP_{IT}	SP_K	SP_N
78	5.371	56.33	38.29	87	13.55	56.02	30.42
79	7.440	87.72	4.832	88	14.06	-9.134	95.07
80	7.629	71.29	21.07	89	14.11	94.98	-9.097
81	8.057	65.14	26.79	90	10.71	96.38	-7.097
82	8.224	73.43	18.33	91	12.01	51.89	36.08
83	5.739	48.10	46.15	92	13.85	67.56	18.57
84	8.511	33.29	58.19	93	15.07	64.62	20.30
85	8.098	-10.18	102.0	94	17.50	55.45	27.04
86	9.456	53.86	36.67				

出所：「国民経済計算年報」内閣府，「民間企業資本ストック」内閣府，「経済統計年報」日本銀行，篠崎（1988）のデータを使用。

の値の変化が最も大きく，次に資本と労働の時に弱かった。資本ストックに関する値は比較的増加している。

労働需要の分解が表6.4にある。労働需要に対して資本ストックの貢献の値が最も大きかった。労働需要に対して IT 資本の貢献値が最も小さかった。資本ストックと他の要素の違いが大きかった。資本と労働の自己価格弾力性は近年減少している。IT 資本の自己価格弾力性の値は大きくなってきている。そこで IT 資本のインパクトの重要性は近年上昇している。

6.5　結語

この研究では，われわれはトランスログ費用関数を採用し，代替の弾力性と自己価格弾力性が計測される。さらに労働需要が分解され他の投入要素の価格の影響と自己価格の影響が計算され，IT 資本のインパクトが他の投入要素と比較された。

アレンの偏弾力性の値では，IT 資本と一般資本の間に関するものが最大であった。また特に IT 資本と労働の間の弾力性については，計測期間の後半に劇的に上昇している。したがって IT 資本の労働に対する代替は，確実に上昇

している。労働需要に対してIT資本の貢献値が最も小さかった。しかし他の要素に比較してIT資本の自己価格弾力性の値は大きくなってきている。そこでIT資本のインパクトの重要性はどの要素よりも近年上昇している。

　この章では，ITと労働に関する分析を行った。ITを近年のイノベーションと考えることができる。したがってイノベーションは，労働を代替して省力化をもたらせる。労働に関しては，労働の質的な要素は考慮していなかった。質的な考慮は違いをもたらす可能性が考えられる。イノベーションとして，研究開発，TFP，ITを取り上げて分析してきたが，次に特許を分析する。特許は近年はより重要な要素となっている。

注

1) IT資本に関するこの研究での定義は，Berndt and Morrison (1995) と同様のものである。
2) IT資本は技術進歩または，イノベーションの代理変数である。したがってIT資本は労働に対しては，削減効果がある。
3) われわれのモデルは，アウトプットに対して一次同次であることによる。ここではアウトプットの値は除外している。

第7章　日本のハイテク産業の企業の市場価値と特許の質

　この章では，企業の市場価値とイノベーションに関する分析を行う。企業の市場価値とイノベーションの間に強い関係があることは，シュンペーターらの主張より示されている。この章ではイノベーションとして研究開発と特許を取り上げている。分析方法として，特許の分析で伝統的に行われている Griliches (1981) の方法と近年開発されている PCAPM を適用している。特許だけでなく企業の異議申し立てなどを特許の質をあらわす変数として導入されている。従来の研究開発だけでなく，特許のストックさらに特許の質を表す変数も有意に関係していたことがわかった。第2節で，PCAPM を用いた推定結果から，日本のハイテク産業では，株価と研究開発ストックの関係も定量的に計測することができ，特に電気機械産業では最もその値は大きいものであった。

7.1　企業の市場価値

　現代の社会では，民間企業が大きな影響を及ぼしている。民間企業はその多くが株式を発行している株式会社である。この株式会社において，企業の市場における価値を考えてみよう。株式会社は株式を発行しているためその株式の時価総額を V と考えられる。またこの株式の時価総額は，企業が現在保有する全資産額とも考えられる。そこで以下のように書ける[1]。

$$V_t = w_{K,t} K_t \tag{7.1}$$

V を企業価値，K を資本，p を生産物価格，w_i を要素価格として，$i=N, K$ とする（N は労働）。また企業は株主に対して配当を支払う機関と考えることもできる。したがって以下のように配当を定義する[2]。

$$D_t = p_t Y_t - w_{L,t} N_t - \delta p_t K_t \tag{7.2}$$

配当を D,δ を減耗率とする。企業の得られる超過利潤をその期の配当と考えている。この配当を無期限までうけとるため以下のように書ける。

$$V_t = \frac{D_t}{(1+r)} + \frac{D_{t+1}}{(1+r)^2} + \frac{D_{t+2}}{(1+r)^3} \cdots \tag{7.3}$$

無期限までの割引現在価値である。これは,以下のように書ける。

$$V_t = \frac{D_t}{1+r} \frac{1}{1-\frac{1}{1+r}} = \frac{D_t}{r} \tag{7.4}$$

r は利子率である。よって

$$V_t = \frac{D_t}{r} = \frac{p_t Y_t - w_{L,t} N_t - \delta p_t K_t}{r} \tag{7.5}$$

となり,さらに以下のようになる。

$$V_t = \frac{p_t Y_t - p_t N_t - \delta p_t K_t}{r} = \frac{f_K - \delta}{r} p_t K_t \tag{7.6}$$

最終的に以下のようにトービンの q が定義できる。

$$q_t = \frac{V_t}{p_t K_t} \tag{7.7}$$

7.2 日本のハイテク産業の企業の市場価値と特許の質

この節では,特許を中心に分析する。特許は,単に企業ごとの件数だけでとらえられるわけではなくむしろその質が重要である。この章ではそうした特許の質を考慮した分析を行うことにより,特許の有効性について調べていきたい。

7.2.1 はじめに

この節の目的は,企業の保有する特許が企業価値に貢献していることを,日本において実証的に明らかにするものである。われわれは,特に特許の質を詳

しく取り上げており，そうした特許がトービンのqで表される企業価値の決定に，有意な貢献をしているかどうか実証的に検証される。

Schumpeter（1942）以来，企業の競争・成長にとってイノベーションは，大変重要であると認識されている。その関心は，近年の内生的成長理論（Grossman and Helpman, 1991）や企業戦略論（Porter, 1990）でも続いている。企業は，イノベーションのための研究開発を盛んにおこなうが，それがすぐ模倣されては研究開発のインセンティブは損なわれ，産業・国家の競争力の低下を招く，そこで特許として権利が保護されている。市場は，企業の価値を判断する際に，多くの要因があるが特許もその一つとする。重要な特許は，その企業の市場における価値を高めることになる。

そこでトービンのqで表した企業価値と特許に関する分析は，Griliches（1981）以来，すでにいくつかの先行研究が存在している。日本においてもHaneda and Odagiri（1997）がある。こうした分析では，特許のデータの作成方法に問題が存在した。彼らは，過去の出願特許をイノベーションと考えて積算することにより特許ストックとしてきた。しかし出願された特許はすべて登録されるわけではない。登録された特許がイノベーションを示していると考えるのが自然であろう。したがって登録特許を現在の特許ストックを作るのに考慮する必要がある。またどの特許も価値は同じとされていた。本来特許は一つ一つ質が異なるはずである。そこで，特許のサイテーションにより特許の質を考慮しデータを作成した。Hall, Jaffe and Trajtenberg（2000）は，米国のサイテーションのデータを作成して，トービンのqで表される企業価値の決定に有意な貢献をしていることを，実証的に明らかにした。

われわれの分析は，Hall, Jaffe and Trajtenberg（2000）をもとにしている。わが国では特許のデータ作成で，トランケーション問題[3]と特許のサイテーションなどの質を考慮した実証分析は，まだおこなわれていない。そこでわれわれの研究は，日本において先駆的な研究である。Hall, Jaffe and Trajtenberg（2000）では，特許の質はサイテーションによってはかられていた。Lanjouw and Schankerman（2001）によると，価値のある特許ほど，他社から訴訟を受けるといわれている。日本では，他社の特許に対して，異議申し立て制度（opposition to the grant of a patent), 情報提供制度 (offer of information), 無効審判請求制度 (objection for appeal for invalidation) がある[4]。そこでわれわれは特許の質をサイテーションだけでなく, 無効審判請求数などのいわゆるオブジェクションを, サイテーションストックに加え, オブジェクションストックとして作成して分析した。

この節は以下のように構成されている。第2項において, 特許ストックのデータの作成方法を説明し, 第3項において, モデルを構築して実証分析の方法について述べ, 第4〜6項において推定結果を論じ, 最後に結論を述べる。

7.2.2 モデル

多くの先行研究では, Griliches (1981) 以来, 特許などの無形資産が, トービンの q の決定に貢献していることを検証している。トービンの q は, 企業価値と実物資本ストックとの比率である。すると, 企業価値と資産に関して以下の式を得る。

$$V_t = \alpha(A_t + \beta R_t) \tag{7.8}$$

ここで, A_t は実物資本ストック, R_t を無形資本ストック, α, β をパラメータとする。したがって, 企業の価値は, 実物資産と無形資産の線形結合として表現される。無形資産の増加は, 企業価値の増加をもたらす。上式を従来の伝統的なトービンの q で表現すると, 以下のようになる。

$$q_t = \frac{V_t}{A_t} = \alpha\left(1 + \beta\frac{R_t}{A_t}\right) \tag{7.9}$$

われわれのモデルでは, 無形資産に関して特許を中心に考えている。そこで研究開発ストック, 特許ストック数, サイテーションストック数, オブジェクションストック数を無形資産としてそれぞれ採用する。一方, 無形資産として研究開発を考えると, すべての研究開発が成功するわけではない[5]。そこで研究開発の質をコントロールする必要がある。そこで特許ストック数を導入する。また同様にサイテーションストック数, オブジェクションストック数も組み込む。すると以下のように書ける。

$$q_t = \alpha \left(\beta_0 + \beta_1 \frac{RDS_t}{A_t} + \beta_2 \frac{PS_t}{RDS_t} + \beta_3 \frac{CIS_t}{PS_t} + \beta_4 \frac{OBJ_t}{PS_t} \right) \qquad (7.10)$$

ここで，RDS_t は研究開発ストック，PS_t は特許ストック，CIS_t はサイテーションストック，OBJ_t はオブジェクションストック。この式は，Hall, Jaffe and Trajtenberg（2000）の式と右辺最後の項以外は同じモデルである。われわれは，特許の質として，サイテーションだけでなく，オブジェクションも考慮している。基本としてはこの（7.10）式を非線形最小自乗法によって推定する。

7.2.3 データ

この項では，使用データ特に特許のデータについて説明したい。特許のデータは，特許ストックとしてGriliches（1981），Cokburn and Griliches（1988），Haneda and Odagiri（1997）などの先行研究において，ある年の特許ストックは，各年の出願特許を積算することによって作られていた[6]。しかし出願された特許はすべて登録されるわけではない。登録された特許がイノベーションを示していると考えるのが自然であろう。したがって登録特許で現在の特許ストックを作るのに考慮する必要がある[7]。Hall, Jaffe and Trajtenberg（2000）は，サイテーションを多く受けた特許が，より価値のある特許と考え，サイテーションでウェイト付けしたサイテーション－ウェイト付き特許ストックを作成した[8]（Trajtenberg 1990, Lanjouw and Schankerman 2004）。

われわれは，日本の大企業101社について，特許ストック，サイテーション－ウェイト付き特許ストック，オブジェクション－ウェイト付き特許ストックを作成した。われわれは，Stravision[9]から，日本の主要企業101社が1985年1月～2006年8月に登録した特許の情報を抽出し，3種類の特許ストック，すなわち，特許ストック，サイテーションストック，オブジェクションストックを作成した。なお現在では知的財産研究所（Institute of Intellectual Property）よりIIP（Institute of Intellectual Property）特許データベースが，2005年10月に公開された。特許のデータの使用が可能になった[10]。特許ストックのトランケーションバイアスの修正の方法は，Hall, Jaffe and Trajtenberg（2000）とほぼ同じである[11]。

次に他のデータについても述べたい。企業価値は，株式枚数に株価をかけたものに負債総額を足して流動性資産を引いたものである。資産の再取得価値は，土地以外の有形固定資産と土地の再取得価値の合計による。土地以外の資産の再取得価値は，1970年の値を初期値，減耗率の値を使用して，恒久棚卸し法で作成している。土地に関しては，初期の値を1970年の値として，土地の簿価の対前年増加分を新規土地投資額として，土地価格で実質化して求めた，トービンの q の値は，企業価値を資産の再取得価値で割ったものである。研究開発の値については，1970年の値を初期の値として，減耗率を用いて，恒久棚卸し法で作成している。

なお特許以外の使用したデータで主要なデータは，NEEDSデータベース（日本経済新聞社）であり，他には，株価は，株価総覧（東洋経済），土地価格は，市街地価格指数（日本不動産研究所），研究開発のデフレータ，減耗率は，経済産業研究所（RIETI）のJapan Industrial Productivity Database（JIP）データベースから得られている。

7.2.4　全産業の推定結果

モデルを推定する前に，われわれが推定に使用する変数の性質を簡単に調べてみよう。表7.1は，われわれがモデルの推定に使用する変数のサンプル数，平均，標準偏差の値である。われわれの推定に使用するサンプル数は約1200である。われわれのトービンの q の平均値は3.3であり，Hall, Jaffe and Trajtenberg（2000），Haneda and Odagiri（1997）のトービンの q の値と比較すると大きい値である。Miyagawa and Kim（2006）のトービンの q の値と比較すると，近い値である。われわれのサンプルのサンプル期間は，Miyagawa and Kim（2006）のサンプル期間と最も共通性が高いからである。研究開発ストックの資産比率は，トービンの q の値と同様にHall, Jaffe and Trajtenberg（2000），Haneda and Odagiri（1997）の研究開発ストックの資産比率と比較するとわれわれの方が大きかった。Miyagawa and Kim（2006）の研究開発ストックの資産比率と比較すると，われわれの研究開発ストックの資産比率の方が大きかったが，差はそれほど大きくない。サイテーションは，他の変数に比べて，値の

第7章　日本のハイテク産業の企業の市場価値と特許の質

表7.1　研究開発と特許の基本統計量の比較

変数	サンプル数	平均値	標準誤差
トービンの q	1220	3.3764	3.2384
研究開発　ストック／資産	1223	0.6065	0.5957
特許 ストック／資産	1223	0.0106	0.0108
特許 サイテーション／資産	1223	0.0176	0.0211
特許 オブジェクション／資産	1223	0.0008	0.0011
特許 ストック／研究開発 ストック	1223	0.0388	0.0545
特許 サイテーション／特許 ストック	1223	1.5634	0.5687
特許 オブジェクション／特許 ストック	1223	0.0953	0.0986

出所：「Stravision」SBI インテクストラ,「日経 NEEDS」日本経済新聞社,「株価総覧」東洋経済,「市街地価格指数」日本不動産研究所,「JIP データベース」RIETI のデータを使用。

ばらつきが大きかった。これは，まったくサイテーションがない特許がある反面，サイテーションのかなり多い特許があることを意味している。サイテーションとオブジェクションの対特許ストック比率は，サイテーションの方が，かなり大きい。オブジェクションは，特許ストックに対して約10%である。

表7.2は，全産業のデータで分析をおこなった結果である。この推定は，推定式が，独立変数が一つだけという単回帰のモデルになっている。研究開発は，そのパラメータが期待された符号で有意であった。したがって，研究開発は，q の決定に関与しているといえる。ただ他にも q に影響を与えている変数がある可能性があるため，他の変数でコントロールする必要がある。他の推定式は，変数がそれぞれ特許，サイテーションウェイト特許，オブジェクションウェイト特許であるが，すべて非有意であった。ただ前述のように，独立変数が一つだけでは，モデルが完全に特定化されていない可能性がある。そこで推定式の独立変数を一つでなく複数にして分析をするべきである。

表7.3は，推定式の独立変数を一つでなく複数にして分析した結果である。研究開発はすべての推定式で有意であった。また特許も同様にすべての推定式で有意であった。したがってこの研究開発と特許の2変数は，q の決定要因としてロバストな変数である。特許のオブジェクションウェイトは，2本の推定

表7.2 イノベーションのトービンの q への影響：単回帰

	被説明変数：トービンの q			
	(1)	(2)	(3)	(4)
定数項	1.7216	2.5156	2.5080	2.5508
	(25.5)	(36.3)	(14.6)	(32.3)
研究開発	0.8357			
	(8.92)			
特許		0.3243		
		(0.75)		
特許サイテーション			0.0099	
			(0.24)	
特許オブジェクション				−0.0176
				(−0.08)

注：( ) 内は，t-値。
出所：「Stravision」SBI インテクストラ，「日経 NEEDS」日本経済新聞社，「株価総覧」東洋経済，「市街地価格指数」日本不動産研究所，「JIP データベース」RIETI のデータを使用。

表7.3 イノベーションのトービンの q への影響：重回帰

	被説明変数：トービンの q			
	(1)	(2)	(3)	(4)
定数項	0.7176	0.7166	1.5585	0.6815
	(4.53)	(6.34)	(10.1)	(4.39)
研究開発	2.7802	2.9087	0.9309	3.0540
	(3.89)	(4.93)	(6.87)	(3.82)
特許	15.123	16.746		17.536
	(3.47)	(4.23)		(3.48)
特許サイテーション	0.2611		0.0403	0.0487
	(1.56)		(0.62)	(0.34)
特許オブジェクション		3.0877	0.4098	3.0339
		(2.31)	(0.94)	(2.18)

注：( ) 内は，t-値。
出所：「Stravision」SBI インテクストラ，「日経 NEEDS」日本経済新聞社，「株価総覧」東洋経済，「市街地価格指数」日本不動産研究所，「JIP データベース」RIETI のデータを使用。

式で有意であったが，特許のサイテーションウェイトは1本の推定式のみで有意であった。したがって，全体的にみれば，q は研究開発や特許やオブジェクションストックといったイノベーションに強く依存していることがわかる。

7.2.5 産業別の推定結果

前項の分析は，全産業を対象とした実証分析にもとづくものであった。この項では，産業ごとの実証分析を行いたい。産業ごとの違いをより明らかにすることが目標である。

産業別基本統計量の比較が表7.4にある。トービンの q は，医薬品と電気機械がほぼ同じくらいで，最も大きかった。次にわずかの差で精密機械が続き，化学と輸送機械は同じくらいで一番低かった。一番低かった化学と輸送機械であっても，q の値は，1を大きく超えており，通常のマクロベースでの値では，1の周辺にあるためかなり大きな値である。

研究開発ストックの値は，医薬品が他の産業よりもきわめて大きく，次の電気機械産業の倍もあった。その次は，化学産業が続き，精密機械と輸送用機械は最後であった。したがって医薬品の大きさが目立っている。医薬品産業はしばしば研究開発が盛んであるとはいわれていたが，ここまで大きいということはそうした意見を裏付けていることになっている。

サイテーションについては，輸送用機械が最も高く，ついで精密機械，電気機械とほぼ同じ値であった。化学はかなり低く，医薬品はさらに低いという結果になっている。これは，医薬品は，製品の組成が明確に特許で保護されるからであろう。それに比べると機械産業では，特許が大変多いためその質が重視されるからであろう。研究開発ストックとはほぼ逆の結果になっている。

オブジェクションについては，精密機械で最も高く，電気機械と輸送用機械が近い値でそれに続いている。化学では低く，医薬品はひときわ低い値になっている。これはサイテーションの結果とほぼ同じである。

モデルの推定結果が表7.5にある[12]。研究開発に関しては，化学で有意ではなかったが，他の産業では有意であった。特に弾力性の値は，精密機械，輸送用機械で大きかった。電気機械の弾力性があまり大きくなかった。次にサイテ

表7.4　トービンの q とイノベーションの産業別基本統計量の比較

変数	産業	サンプル数	平均値	標準誤差
トービンの q	医薬品	176	5.4446	3.9379
	化学	512	2.0631	2.3199
	電気機械	486	5.3381	6.5055
	精密機械	112	4.5545	3.9685
	輸送用機械	133	1.8928	1.3772
研究開発ストック	医薬品	176	1.4059	0.5609
	化学	512	0.4950	0.4889
	電気機械	486	0.7329	0.7773
	精密機械	112	0.3869	0.2955
	輸送用機械	136	0.3549	0.5063
特許サイテーション	医薬品	176	0.0019	0.0008
	化学	512	0.0383	0.0446
	電気機械	486	0.0807	0.0782
	精密機械	112	0.0908	0.0683
	輸送用機械	136	0.1052	0.1882
特許オブジェクション	医薬品	176	0.0001	0.0000
	化学	512	0.0026	0.0032
	電気機械	486	0.0037	0.0039
	精密機械	112	0.0043	0.0042
	輸送用機械	136	0.0033	0.0052

出所：「Stravision」SBI インテクストラ，「日経 NEEDS」日本経済新聞社，「株価総覧」東洋経済，「市街地価格指数」日本不動産研究所，「JIP データベース」RIETI のデータを使用。

ーションに関しては，研究開発に比べると有意な産業が少なくなっている。医薬品産業と輸送用機械産業でのみ有意であった。弾力性についてはそちらの産業も大きな違いはなかった。医薬品産業と輸送用機械産業は，研究開発とサイテーションの両方ともに有意であった。したがってイノベーションが強く企業価値に関係しているといえよう。その反面，化学では研究開発とサイテーションの両方ともに有意ではなかった。したがってこのモデルでは，化学に関しては，イノベーションの重要性が確認できなかった。

第7章　日本のハイテク産業の企業の市場価値と特許の質

表7.5　イノベーションのトービンの q への影響：特許サイテーション

産業	医薬品	化学	電気機械	精密機械	輸送用機械
定数項	3.6765	0.2322	1.9321	2.6396	2.8481
	(3.23)	(0.80)	(9.21)	(6.75)	(4.99)
研究開発	0.5287	−0.1373	0.4444	0.7593	0.7077
	(2.31)	(−2.32)	(8.23)	(5.79)	(6.51)
特許サイテーション	0.3687	−0.0103	0.0748	0.1489	0.3218
	(2.00)	(−0.15)	(1.13)	(1.40)	(2.68)

被説明変数：トービンの q

注：（　）内は，t-値。
出所：「Stravision」SBIインテクストラ，「日経NEEDS」日本経済新聞社，「株価総覧」東洋経済，「市街地価格指数」日本不動産研究所，「JIPデータベース」RIETIのデータを使用。

表7.6　イノベーションのトービンの q への影響：特許オブジェクション

産業	医薬品	化学	電気機械	精密機械	輸送用機械
定数項	8.0852	4.2038	3.7713	4.1341	4.6862
	(8.52)	(7.52)	(9.08)	(5.70)	(6.86)
研究開発	1.2244	0.3280	0.6598	0.9601	0.7146
	(6.09)	(4.09)	(9.61)	(6.32)	(7.89)
特許オブジェクション	0.7624	0.5396	0.3028	0.2817	0.3995
	(7.03)	(7.06)	(5.02)	(2.81)	(5.51)

被説明変数：トービンの q

注：（　）内は，t-値。
出所：「Stravision」SBIインテクストラ，「日経NEEDS」日本経済新聞社，「株価総覧」東洋経済，「市街地価格指数」日本不動産研究所，「JIPデータベース」RIETIのデータを使用。

表7.6は，サイテーションをオブジェクションに変えたモデルに関しての推定結果である[13]。すべてのモデルで研究開発とオブジェクションのパラメータが有意になっている。したがってモデルとしてはかなり適合しているといえよう。弾力性の値に関しては，研究開発については，医薬品が最も大きくついで精密機械が大きかった。さらに輸送機械，電気機械と続き，かなり小さくなって化学の値になる。この研究開発の弾力性の値に関しては，サイテーションを

モデルに含んでいたときと異なっている。医薬品，精密機械，輸送用機械が大きいのは同じであるが，順番は異なる。また化学が小さいのは同様であった。次にオブジェクションに関しては，医薬品が最も大きく，ついで化学が大きくなっている。さらに輸送用機械，電気機械，精密機械の順であり，医薬品と化学が他よりも大きかった。特に化学は，ほとんどの変数の弾力性が小さかったため特徴的である。ここでも医薬品は，どの産業よりも，研究開発とオブジェクションの影響が強いことがわかった。

7.2.6 外部性を考慮した分析の推定結果

前節の分析は，全産業と産業別の実証分析で q の決定に研究開発，特許がどのように役割を演じていたかを定量的に明らかにした。この項では，外部性を考慮した分析を行いたい。本論文では，研究開発と IT について外部性の存在とその影響について実証分析が行われる。この項では，q の決定に関しての外部性の影響を調べることが目標になる。

モデルの基本構造はこれまでと同じである。異なるのは2種類のスピルオーバーを考慮している。第一は，研究開発のスピルオーバーである。他企業の研究開発活動がその製品や研究活動をつうじて自企業の生産活動に影響を及ぼすという外部性を生じるものである。第二のスピルオーバーは，特許のスピルオーバーである。他企業の特許が登録されることによって特許から情報を得て自企業の生産活動に貢献するというものである。さらにスピルオーバーに関して，個別企業のデータを使用しているため，同一産業内の産業内スピルオーバーと異なる産業との産業間スピルオーバーの2種類を想定している。

表7.7は，従属変数が q で独立変数に研究開発のスピルオーバーが加わっている分析の推定結果である[14]。研究開発は，すべての推定式で期待される符号で有意であった。スピルオーバーは産業間ではすべての推定式で有意であり，産業内は3本の推定式で2本に関して期待された符号で有意であった。したがって研究開発のスピルオーバーは，q の決定に貢献していることがわかった。このモデルは両辺を対数にしているため，右辺の変数のパラメータの値は弾力性を示している。そこでは，研究開発が最も大きい影響を与えている。さらに

第7章　日本のハイテク産業の企業の市場価値と特許の質

**表7.7　研究開発スピルオーバーの
トービンの q への影響**

	被説明変数：トービンの q		
	(1)	(2)	(3)
研究開発	0.4039	0.3364	0.3347
	(12.28)	(8.93)	(8.74)
売上高	−0.2201	−0.2435	−0.2425
	(−5.65)	(−6.23)	(−6.17)
研究開発産業内	0.0658		0.0088
スピルオーバー	(2.07)		(0.25)
研究開発産業間		0.1635	0.1584
スピルオーバー		(4.06)	(3.49)
定数項	3.8625	3.6013	3.5831
	(7.52)	(7.03)	(6.92)

注：（　）内は，t-値。
出所：「Stravision」SBI インテクストラ，「日経 NEEDS」日本経済新聞社，「株価総覧」東洋経済，「市街地価格指数」日本不動産研究所，「JIP データベース」RIETI のデータを使用。

産業間スピルオーバーも大きな値であったが産業内スピルオーバーは小さい値であった。つまり企業の市場価値に有意な影響を及ぼしていることが確認された。また売上高は，企業の規模を表している。いずれも強く負に有意である。したがって規模が大きくなるほど q への貢献は低下していることがわかる。

表7.8は，従属変数が q で独立変数に特許のスピルオーバーが加わっている分析の推定結果である。特許は，すべての推定式で期待される符号で有意であった。特許のスピルオーバーは産業内ではすべての推定式で有意であったが産業間ではすべての推定式で期待された符号と逆の符号で有意であった。したがってスピルオーバーは産業内の場合は，q の決定に貢献していることがわかったが，産業間の場合は逆にネガティブな結果を示している。その理由に関してはここでははっきりしない。このモデルは両辺を対数にしているため，右辺の変数のパラメータの値は弾力性を示している。そこでは，研究開発のときと同様に特許が最も大きい影響を与えている。さら産業間スピルオーバーも大きな

**表7.8　特許スピルオーバーの
トービンの q への影響**

	被説明変数：トービンの q		
	(1)	(2)	(3)
売上高	−0.0773	−0.0578	−0.0747
	(−2.16)	(−1.77)	(−2.23)
特許	0.2007	0.2658	0.2296
	(6.08)	(8.43)	(6.85)
特許産業内スピルオーバー	0.0491		0.0435
	(3.23)		(2.93)
特許産業間スピルオーバー		−0.0567	−0.0510
		(−3.13)	(−2.81)
定数項	2.8965	2.9016	2.9990
	(5.62)	(5.98)	(6.14)

注：（　）内は，t-値。
出所：「Stravision」SBI インテクストラ，「日経 NEEDS」日本経済新聞社，「株価総覧」東洋経済，「市街地価格指数」日本不動産研究所，「JIP データベース」RIETI のデータを使用。

値であったが産業内スピルオーバーは負の値であった。つまり特許と特許の産業内のスピルオーバーは企業の市場価値に有意な影響を及ぼしていることが確認された。また売上高は，企業の規模を表している。いずれも強く負に有意である。したがって規模が大きくなるほど q への貢献は低下していることがわかる。これも研究開発を使用したときと同様であった。

7.2.7　結語

われわれは，特に特許の質を詳しく取り上げており，そうした特許がトービンの q で表される企業価値の決定に有意な貢献をしているかどうか実証的に調べた。われわれは，Hall, Jaffe and Trajtenberg（2000）のモデルをもとにして特許の質として，サイテーション数だけでなく，オブジェクション数も考慮している。われわれは，日本の大企業101社について，特許ストック，サイテーションウェイト特許ストック，オブジェクションウェイト特許ストックを作成

した。特許ストックのトランケーションバイアスの修正の方法は，Hall, Jaffe and Trajtenberg（2000）とほぼ同じである。サイテーションストックとオブジェクションストックデータも Hall, Jaffe and Trajtenberg（2000）と同じ方法でトランケーションバイアスが修正された。

　ほぼすべての式について，研究開発，特許，サイテーション，オブジェクションは，パラメータの符号が正で有意であった。したがってそれらの変数の増加はトービンの q の上昇をもたらす。この結果は，Hall, Jaffe and Trajtenberg（2000）と Hanede and Odagiri（1997）同様である。ただし先行研究ではオブジェクションは，考慮されていない。Hall, Jaffe and Trajtenberg（2000）は，サイテーションの重要性を指摘しているが，オブジェクションも同じように重要であることがわかった。

　Hall, Jaffe and Trajtenberg（2000）の結果と比較すると，研究開発に関しては，われわれの得られた値は小さいが，特許に関しては，ほぼ同じ値であり，サイテーションに関してはわれわれの値の方が大きい。オブジェクションに関しては Hall, Jaffe and Trajtenberg（2000）では，扱われていなかったが，われわれの結果ではサイテーションと同様に重要であることがわかった。トービンの q に対する影響としては，サイテーションよりも大きい場合もあった。また外部性に関しても考慮した分析を行った。スピルオーバーは，かなり q に貢献する結果であったが，逆の符号で有意な場合もあり，さらなる分析が必要とされる。それでも Griliches（1981）や Hall, Jaffe and Trajtenberg（2000）の分析と同様にわれわれの分析でも，無形資産として特許が大きな役割をはたしていることがわかった。

7.3　生産にもとづく資産選択モデルによる研究開発の分析

　この節では，前節の企業価値とイノベーションというテーマをさらに深め，生産にもとづく資産選択モデル（PCAPM）を採用して分析をおこなう。そしてイノベーションが企業価値に重要な関係を持っているという結果を補強する。前節における，投資のトービンの q モデルはいずれも q の値を事前に作成する

必要のあるモデルであった。この節では，金融商品でしばしば利用される資産選択モデルを適用して，株価収益率と金利の関係を使ってイノベーションと株価収益率の関係を調べていく[15]。

7.3.1 はじめに

この項の目的は，企業の市場価値に対する研究開発資本の役割をPCAPMを用いて実証的に調べることにある。研究開発資本が株価収益率の決定に貢献しているかどうかがテストされる。この項は，日本のハイテク産業の企業について研究開発投資行動を考慮したPCAPMの有効性も意図している。

Griliches (1981) 以来，企業の市場価値と研究開発に代表される無形資産に関する分析は活発に行われている (Cohen, 1995)。近年でも Hall, Jaffe and Trajtenberg (2005) は，研究開発資本と特許ストックの企業の市場価値に対する効果の実証分析をおこなっている。先行研究では，企業の市場価値としてトービンの q を採用し，研究開発資本と特許ストックは有意な効果を与えているとしている。Haneda and Odagiri (1997) は，Griliches (1981) のアプローチによる分析の日本における先駆的な研究である。日本において，企業の市場価値としてトービンの q を採用し，研究開発資本と特許ストックは有意な効果を与えているとしている。また近年では Nakanishi and Yamada (2007) は，Hall, Jaffe and Trajtenberg (2005) にもとづいた分析である。日本に関して初めての分析であり，さらに特許の質を考慮している。

こうした分析は，質を考慮した特許および研究開発資本が，トービンの q で表される企業の市場価値に有意な影響があることを実証的に示した分析である。しかしながら分析方法として，より厳密な企業の最適化行動によるミクロ的基礎が存在しない。本質的には，研究開発投資は企業の異時点間の最適化行動によるものである。われわれは，研究開発投資をPCAPMのもとで定式化した。

PCAPMは，Cochrane (1991) によって開発されたモデルである。消費にもとづく資産価格決定モデル (CCAPM) がすでに開発されて，実証分析に適用されていた。しかしながらその実証分析の結果は悪く，CCAPMは，現実には適用不可能とされていた (羽森, 1996; Hori, 1997)。ほとんどの研究が, CCAPM

が実証的には成立しないことを主張していた。Cochrane（1991）は，CCAPMの代わりに，PCAPMをもちいて米国の株価に関しての分析をおこない，米国の株価に関して成立していることを示した（Cochrane, 1991, 1996）。日本においては，Hori（1997）が産業別に行った。すべての産業において成立するわけではなく，数産業について成立していた。

われわれは，株価と研究開発資本との厳密な定式化を行っている。したがって研究開発投資行動を考慮したPCAPMモデルのテストになっている。これは先駆的な研究であるとともに，現実に投資家，企業の経営者らは，株価と研究開発行動の関係に特に数量的に興味がある。われわれの分析は，そうした必要性へのリプライにもなっている。

この項は，次のように構成されている。モデルが第2項で説明され，第3項で，データと推定方法について述べられ，第4項で推定結果が示され議論され，第5項で結論が述べられる。

7.3.2　モデル

基本となるPCAPMの投資収益方程式は，次のような将来のキャッシュフローの現在価値を最大にする標準的企業の行動から導かれる。

$$\sum_{j=0}^{\infty} B^j [f(K_{t+j}, L_{t+j}, RSD_{t+j}) - w_{t+j} L_{t+j} - AC(RD_{t+j}, RDS_{t+j})] \tag{7.11}$$

ここで，Kは資本ストック，Lは労働投入，wは賃金率，RDは研究開発投資，RDS研究開発資本である。$f(K_t, L_t, RSD_t)$は1次同次の生産関数である。$AC(RD_t, RDS_t)$は研究開発投資の調整費用関数であり，$AC_{RD_t}>0$，$AC_{RD_t RD_t}>0$，$AC_{RDS_t}<0$．w_tは労働投入量L_tの価格で，Bは次のような割引率である。

$$B = \frac{1}{1+R} \tag{7.12}$$

ここで，Rは研究開発の投資収益率である。

ここでの最大化問題は，以下の研究開発資本の定義式の制約がある。

$$RDS_{t+1} = RD_t + (1-\delta) RDS_t \tag{7.13}$$

ここで，δ は減耗率。7.13式のもとで，7.11式を最大化すると，研究開発の投資収益は以下のように書ける。なおここでは一般の資本は準固定要素としている。

$$R_{t+1} = (1-\delta)\frac{1+Y_{RDt+1}+AC_{RDt+1}-AC_{RDSt+1}}{1+AC_{RDt}} \quad (7.14)$$

この投資収益は，研究開発の今期の限界収入と来期の限界収入の比であると解釈できる。この投資収益関数は，研究開発が考慮されている点以外はCochrane (1991, 1996) とHori (1997) と同じである。生産関数は以下のようになっている。

$$Y = \alpha K^\beta RDS^\gamma L^{(1-\beta-\gamma)} \quad (7.15)$$

ここで，Yは生産量である。われわれは，以下の調整費用関数を仮定する。

$$AC = \frac{c}{2}\left(\frac{RD}{RDS}\right)^2 \quad (7.16)$$

7.14, 15, 16式から，われわれは，以下の推定式を得る。

$$R_{t+1} = (1-\delta)\left[\frac{1+\dfrac{\gamma Y_{t+1}}{RDS_{t+1}}+c\dfrac{RD_{t+1}}{RDS_{t+1}}+\dfrac{c}{2}\left(\dfrac{RD_{t+1}}{RDS_{t+1}}\right)^2}{1+c\dfrac{RD_t}{RDS_t}}\right] \quad (7.17)$$

この式は，株式収益率と研究開発資本の関係を数量的に調べるためのモデルである。

7.3.3 データと推定方法

データについての説明をおこないたい。基本統計量が表7.9にある。中心になるデータは，NEEDS（日本経済新聞社）によっている。株価のデータは，株価収益率（日本証券経済研究所），地価は，市街化価格指数（日本不動産研究所），減耗率は，経済産業省の経済産業研究所のJIPデータベースを使用している。対象となる企業は，1985年から2000までの医薬，化学，電気機械，精密機械，輸送用機械産業の101社である。

次にモデルの推定方法について説明したい。われわれの方法は2段階の方法

表7.9 生産に関する基本統計量の比較

変数	サンプル数	平均	標準偏差
生産量	2621	43.927	27.7957
資本ストック	2793	28.488	43.3899
研究開発ストック	2793	9.8144	14.8898
株式収益率	1872	0.1046	0.3780

出所:「Stravision」SBIインテクストラ,「日経NEEDS」日本経済新聞社,「株価総覧」東洋経済,「市街地価格指数」日本不動産研究所,「JIPデータベース」RIETIのデータを使用。

である。まず第1段階は，生産関数のパラメータを，生産関数の階差をとったモデルをGMMで推定するという方法である。これで生産関数のパラメータが推定できているから，次は，調整費用のパラメータを推定する。推定方法は7.17式の階差をとったモデルをGMMで推定するという方法である。

7.3.4 推定結果

生産関数の推定結果が，表7.10にある。すべての推定モデルについて資本ストックのパラメータは，正で有意であった。資本のパラメータの値の推定結果は，範囲が，0.031から0.047であった。これらの資本ストックのパラメータの値は，かなり小さい値であった。研究開発ストックのパラメータは，すべての推定モデルについて，正で有意であった。したがって研究開発ストックは，生産に関して有意に貢献していることになる。研究開発ストックの値についての結果は，その範囲が0.20から0.29である。このわれわれの得た研究開発ストックのパラメータの値は，Hall et. al (2005) と比較して少し大きい値である。よってこの結果から，日本のハイテク産業の企業の生産に研究開発が重要に貢献していることがわかった。

研究開発の1期，2期，3期前のパラメータを，いわゆる研究開発ラグ (Griliches, 1981) を考慮するためにモデルに導入している。すべての研究開発の1期，2期，3期前のパラメータは，有意であった。われわれは，研究開発ラグの存在を推定結果より確認することができた。われわれの分析で使用し

表7.10 生産関数のパラメータ推定結果

	被説明変数：生産量			
	(1)	(2)	(3)	(4)
生産量 ($t-1$)	0.4818	0.5507	0.5114	0.5105
	(0.0040)	(0.0021)	(0.0043)	(0.0042)
生産量 ($t-2$)	0.1501			
	(0.0034)			
資本ストック ($t-1$)	0.0403	0.0477	0.0403	0.0315
	(0.0038)	(0.0014)	(0.0037)	(0.0043)
研究開発 ($t-1$)	0.2070	0.5589	0.6591	0.6772
	(0.0046)	(0.0054)	(0.0117)	(0.0098)
研究開発 ($t-2$)		-0.2980	-0.4115	-0.4595
		(0.0038)	(0.0099)	(0.0100)
研究開発 ($t-3$)			0.0433	0.0509
			(0.0046)	(0.0061)
研究開発 ($t-4$)				0.0236
				(0.0040)
定数項	0.8570	0.9913	1.0923	1.1207
	(0.0126)	(0.0086)	(0.0124)	(0.0159)

注：( ) 内は，標準誤差。
出所：「Stravision」SBIインテクストラ，「日経 NEEDS」日本経済新聞社，「株価総覧」東洋経済，「市街地価格指数」日本不動産研究所，「JIPデータベース」RIETIのデータを使用。

た生産関数は，規模に関して収穫一定を仮定している。したがってわれわれは，労働のパラメータの値も得ることができる。労働のパラメータの値の推定結果は，0.66から0.75の範囲にあった。これらの労働のパラメータの推定結果の値は，先行研究と比較して同様な値であった。

PCAPMの推定結果が表7.11にある。PCAPMのパラメータの推定結果はすべての推定式で正で有意であった。したがってわれわれの推定結果は，日本のハイテク産業の企業において適用可能であることを示している。CCAPMについては否定的な実証結果がほとんどであったが，わが国においてはPCAPMは，数産業に関して肯定されている（Hori, 1991）。したがってPCAPMは，現実

第7章　日本のハイテク産業の企業の市場価値と特許の質

表7.11　PCAPM モデル推定結果

	被説明変数：収益率			
	(1)	(2)	(3)	(4)
収益率 ($t-1$)	−4.81155	−5.96192	−3.57248	−8.59219
	(0.27234)	(0.47508)	(0.4638)	(0.53508)
収益率 ($t-1$)		−10.53777		−10.33054
		(0.21167)		(0.3656)
調整コスト ($t-1$)	0.000231	0.000229	0.000222	0.000214
	(0.0000039)	(0.0000062)	(0.0000033)	(0.0000098)
調整コスト ($t-2$)			−0.0000483	−0.0000441
			(0.0000012)	(0.0000078)
調整コスト ($t-3$)				−0.0000292
				(0.0000043)
調整コスト ($t-4$)				−0.00000037
				(0.0000057)
定数項	16.54559	17.6881	16.19131	15.80311
	(0.17721)	(0.06426)	0.1057	0.09148

注：( ) 内は，標準誤差。
出所：「Stravision」SBI インテクストラ，「日経 NEEDS」日本経済新聞社，「株価総覧」東洋経済，「市街地価格指数」日本不動産研究所，「JIP データベース」RIETI のデータを使用。

の投資行動を CCAPM よりも説明できている可能性がある。調整コストに関するパラメータの値は，すべての結果で安定的であった。

　研究開発と株価に対する弾力性の値の結果が，表7.12にある。研究開発と株価に対する弾力性の値の全体の平均値は，0.13であった。研究開発と株価に対する弾力性の値の電機産業に関する値がすべての産業の結果の中で，最も大きかった。研究開発と株価に対する弾力性の値の医薬品，輸送機械産業の値が最も小さかった。特に輸送機械産業の研究開発と株価に対する弾力性のその値の範囲も狭く小さな値であった。化学，精密機械産業では，研究開発と株価に対する弾力性の値が大きな企業が存在していた。またその中でも特に研究開発と株価に対する弾力性の値が大きな値の企業が存在している。

表7.12 株価の研究開発に関する産業別弾力性の比較

産業	サンプル数	平均	標準偏差	最小値	最大値
全産業	924	0.1375	0.7888	0.0011	17.785
医薬品	119	0.0748	0.1602	0.0025	1.2388
化学	333	0.1363	1.0040	0.0011	17.785
電気機械	317	0.1503	0.5599	0.0028	7.1260
精密機械	77	0.2453	1.3323	0.0052	11.700
輸送機械	78	0.0794	0.1130	0.0018	0.6123

出所：「Stravision」SBI インテクストラ，「日経 NEEDS」日本経済新聞社，「株価総覧」東洋経済，「市街地価格指数」日本不動産研究所，「JIP データベース」RIETI のデータを使用。

7.3.5 結語

　この節は，研究開発と企業の市場価値について PCAPM を用いて実証的に調べていくことが目的であった。そこでは，同時に研究開発を考慮した PCAPM モデルの日本における特にハイテク産業の企業に関しての適用性に関する分析でもある。われわれは，PCAPM モデルのもとで企業の研究開発投資行動を定式化して，企業の株価と研究開発ストックの関係についての正確な関係を導くことができた。よって研究開発ストックを導入した PCAPM モデルの拡張になっている。

　すべての推定モデルについて資本ストックのパラメータは，正で有意であった。資本のパラメータの値の推定結果は，範囲が，0.031から0.047であった。したがって研究開発ストックは，生産に関して有意に貢献していることになる。研究開発ストックの値についての結果は，その範囲が0.20から0.29である。このわれわれの得た研究開発ストックのパラメータの値は，Hall et. al（2005）と比較して少し大きい値である。よってこの結果は，日本のハイテク産業の企業の生産に研究開発が重要に貢献していることがわかった。すべての研究開発の1期，2期，3期前のパラメータは，有意であった。われわれは，研究開発ラグの存在を推定結果より確認することができた。PCAPM のパラメータの推定結果はすべての推定式で正で有意であった。われわれの推定結果は，日本の

第7章　日本のハイテク産業の企業の市場価値と特許の質

ハイテク産業の企業において適用可能であることを示している。研究開発と株価に対する弾力性の値の全体の平均値は，0.13であった。研究開発と株価に対する弾力性の値の電機産業に関する値がすべての産業の結果の中で，最も大きかった。

注

1) 以下の q の導出は，工藤（1982）をもとにしている。
2) ここでは $w_K = p$ とする。
3) 山田（2009）を参照。
4) われわれは，それらを総称してオブジェクションと呼ぶ。
5) Hall, Jaffe and Trajtenberg（2000）を参照。
6) $PS_t = (1-\delta)PS_{t-1} + A_t$，ここで，$PS_t$：$t$ 年の特許ストック，A_t：t 年に出願された特許数。
7) $PS_t = (1-\delta)PS_{t-1} + G_{t,t+i}$ ここで，$G_{t,t+i}$ は t 年に出願された特許の $t+i$ 年に登録された数。
8) $CIS_t = (1-\delta)CIS_{t-1} + CI_{t,t+i}$，ここで，$CIS$ は引用にもとづく引用ストック，$CI_{t,t+i}$ は，t 年に出願された特許が，$t+i$ 年までに引用される引用数。
9) SBIインテクストラ社によって開発された特許に関するデータベース。
10) われわれのデータと IIP のデータの出所は基本的に全く同じものである。
11) 山田（2009）を参照。
12) ここからのこの節の推定式は，今までの非線形推定ではなく対数線形の推定式である。この結果は固定効果モデルの結果である。
13) この結果は固定効果モデルの結果である。
14) 全産業に関しての推定である。すべて固定効果モデルである。
15) ここで適用される PCAPM も本質的には，トービンの q モデルの一つと考えられる。

第8章 特許の陳腐化率の計測

　本稿で適用されているイノベーションのデータは、ストック化に関しては、作成方法が限定されていて、減耗率・陳腐化率[1]が、ある一定値に仮定されていたことが多い[2]。しかしながら陳腐化率は、産業や企業によって異なっている可能性があるし、特許にいたっては特許ごとに異なる可能性がある。そこでこの章では、陳腐化率を測定していく。特許の場合は、維持年金と特許の陳腐化の関係を利用して、オーダードプロビッドモデルによって計測をおこなった。その結果、従来使われている陳腐化率がかなり低い値であること、産業によって値は異なっていることがわかった。また計測された特許の価値は、先行研究と比べて大きい値であった。

8.1　はじめに

　この章の目的は、特許の陳腐化率を計測することにあり、特許の陳腐化率から特許の価値を定量的に明らかにすることにある。特許は、ストックの一つである。したがって減耗する可能性がある。しかしながら特許の場合は、通常のストックのように減耗という概念ではなく、陳腐化という概念を使用する。特許は、通常の機械設備などを中心としたストックのように、年数が経過するだけで物理的に減耗していくというわけではなく、技術進歩に対応して陳腐化していく。したがって陳腐化率と考えられる。そうした観点から、陳腐化率はその特許の質を示すことになる。そこから特許の価値を評価することが可能になっていく。

　特許は、申請され登録されて、最終的には特許の効力が期限を経て消滅するか期限内に自発的に取り下げることになる。特許は、データとしては、特許ご

とに質が大きく異なるために，サイテーションなどでウェイト付けされるが，そうした質的な観点を除くと，ストックとしての評価が重要になる。特許は，陳腐化率という概念で減耗を表すが，陳腐化率は，その計測が一般には困難であることが多い。そこで過去の研究では，特許ストックのデータの作成方法は，陳腐化率を10％か15％に設定して恒久棚卸法によるものがほとんどであり，Grilichesの先駆的な研究をはじめとした特許のストックデータの作成方法としては最も代表的な Hall, Jaffe and Trajtenberg（2000）同様の方法で作成している。

しかしながら厳密にはそうした固定された陳腐化率は，アドホックであるため，批判の対象とならざるを得ない。そうしたアドホックな陳腐化率以外の陳腐化率を採用している例は，今までのところ Parkes and Schankerman（1979, 1984），Schankerman（1998），Nadiri and Prucha（1996）だけである。Parkes and Schankerman（1979, 1984）と Schankerman（1998）は，アドホックでない陳腐化率を計測した最初の分析である。かれらの方法は，企業の評価する特許の価値と特許登録の更新費用の間の関係を使って推定するという方法である。わが国では，特許のデータ自体の整備がなされていなかった。後藤他（1986）では，特許のデータが作成されている。方法は，Bosworth（1978）によっているため，Parkes, Schankerman らの方法とは異なる。中島・新保（1998）では，Parkes and Schankerman（1979, 1984）と Schankerman（1998）の方法で，日本において特許の陳腐化率を計測している。この分析は，特許のデータを作成することが目的ではなく，研究開発のストックデータを作成するために，特許の陳腐化率を，研究開発の陳腐化率と同じと仮定している。使用しているデータは，個表データではなく，集計データを使用している。推定結果もほとんど有意ではないため問題が残る。

次に特許の価値については，Parkes and Schankerman（1979, 1984）と Schankerman（1998）では，陳腐化率の計測とともに，特許の価値についても計測を行っている。彼らの方法は，おもに確率分布を利用したブートストラップ法による計算である。初期の特許の価値と定率の陳腐化率によるものである。

われわれの研究は，Parkes and Schankerman（1979, 1984）と Schankerman

第8章　特許の陳腐化率の計測

(1998) をもとにしている。しかしながら，日本における特許のいわゆる年金の更新料金は，事実上離散的な変数である。Parkes and Schankerman (1979, 1984) と Schankerman (1998) の分析は日本が対象ではないため，それを連続変数としている。したがってそうした離散変数を推定する方法が必要で，われわれの研究は，オーダードプロビットモデルを採用する。オーダードプロビットモデルの採用により，われわれは，非連続な更新料金を考慮することが可能になり，同時に特許の価値も推定することができる。この分析は，第2節においてモデルの説明がなされ，第3節においてデータの説明がされる。実証結果が第4節において論じられ，最後に結論が述べられる。

8.2　モデル

特許からの初期の収入を r_0，特許された登録の権利確定からの $t+1$ の当局に支払う更新コストを $c(t+1)$ とすると，企業が保有する特許を次回に更新するのは以下のようになる。

$$r_0(1-\delta)^{l+t} \geq c(t+1) \tag{8.1}$$

ここで，δ を特許の陳腐化率，出願から登録までの期間を l とする。
更新コスト関数を以下のように定義する。

$$c(t+1) = \begin{cases} c_1, & t \leq 2, \\ c_2, & 2 < t \leq 5, \\ c_3, & 5 < t \leq 8, \\ c_4, & 8 < t \leq 11, \\ c_5, & 11 < t \end{cases} \tag{8.2}$$

特許からの初期収入 r_0 の対数は，

$$\ln r_0 = \mu + \epsilon \tag{8.3}$$

μ を特許を保有することによる初期の資産の価値をパラメータとし，ϵ を特

許を保有することによる初期の資産の正規分布にもとづく確率的な部分とする。ここで特許を保有することによる初期の資産の価値の対数を平均 μ, 分散 σ^2 とする。

$Z(l,t)$ を特許を次回のために更新する更新コストのもとでの特許の更新確率とすると,

$$Z(l,t) \geq \frac{1}{\sigma}[\ln c(t+1) - (l+t)\ln(1-\delta) - \mu] \quad (8.4)$$

ここで, $Z(l,t) = \frac{\ln r_0 - \mu}{\sigma}$ である。

日本の特許維持のための更新コストは, 3年ごとに上昇する。したがって更新コストは, 連続変数ではなく離散変数であると考えられる。実際に3年ごとに更新確率は大きく変化している。われわれは, すでに ϵ を連続変数でなく離散変数として観測値を正規分布と仮定していた。そこで以下の確率が定義される。

$$\begin{aligned}
Pr(t \leq 3) &= \Phi[Z(l,3)], \\
Pr(3 < t \leq 6) &= \Phi[Z(l,6)] - \Phi[Z(l,3)], \\
Pr(6 < t \leq 9) &= \Phi[Z(l,9)] - \Phi[Z(l,6)], \\
Pr(9 < t \leq 12) &= \Phi[Z(l,12)] - \Phi[Z(l,9)], \\
Pr(12 < t) &= 1 - \Phi[Z(l,12)]
\end{aligned} \quad (8.5)$$

累積標準正規分布を Φ とすると, パラメータ δ, μ, σ は, 最尤法で推定することができる。

8.3 データ

われわれは, 101社の日本企業についての特許のデータを作成した。日本では, 以前は特許のデータは存在していなかったが, Goto and Motohashi (2007) によって, "IIP パテントデータベース" (IIP Data Base；知的財産研究所) という特許データベースが作成された。われわれはそのデータにもとづき, 1985年から登録された101社の大企業のデータを分析している。

8.4 結果

　図8.1は，特許の更新率である。更新率は，変化はあるものの初期から最後まで単調に減少している。はじめの3年はほとんど差がない。その後は，4年から9年までは，医薬品と輸送用機械では異なっていて，医薬品が最も高く，輸送用機械が最も低かった。他の三産業はほとんど同じであった。10年以降は，どの産業もほとんど同じであった。10%の特許が，3年以内に廃棄され，90%の特許が，10年後までに廃棄される。半数の特許が6，7年以内に廃棄される。ドイツ，フランス，英国，米国に比べて日本の特許の廃棄率は比較的高い。これは，更新コストが10年後はかなり高いことによる。

　表8.1は，モデルの推定結果である。すべての産業の推定式で，すべてのパラメータが事前に期待された符号で統計的に有意であった。陳腐化率は，化学産業で最も高く32%であり，電気機械，精密機械で最も低く24%であった。平均としては27%であった。

　Goto et al.(1986) によって推定された日本のマクロの陳腐化率は，19%であった。Pakes and Schankerman (1979) では，産業の平均としての推定された陳腐化率は25%であった。Pakes and Schankerman (1986) では，英国，フランス，ドイツの推定された陳腐化率は，11%から26%であった。Schankerman (1998) で推定された陳腐化率は，4%から19%であった。これらの推定された陳腐化率は，われわれが日本について推定したものより多くが低い値といえる。したがってわが国の特にいわゆるハイテク産業の陳腐化率は高いといえる。他の推定結果はすべての産業で行っている場合が多いため，産業を今回のように限定するとまた異なった値となろう。従来の固定された陳腐化率は，これらの産業に関しては低い値であるといえる。

　特許の初期の価値に関しては，化学産業が最も高く，機械産業が最も低かったという陳腐化率の場合と同様な傾向が見られた。化学産業に次いで医薬品産業の初期の価値が高かった。化学産業と医薬品産業の2産業が特に特許の初期の価値が高かった。他の機械産業，電気機械産業，輸送産業に関しては，それ

図8.1 産業別更新確率の比較

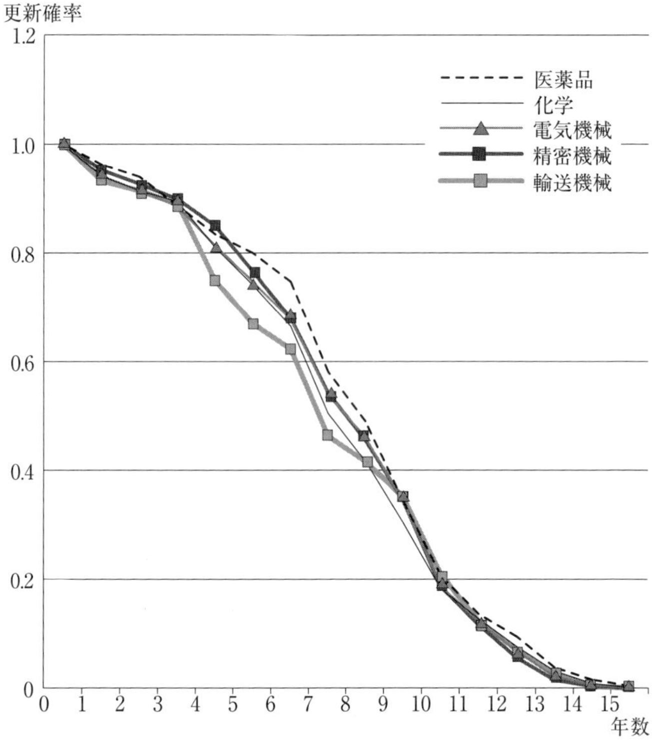

出所：山田節夫「特許の経済実証分析」(2009)，179ページ図5.2。

ほど初期の価値の値に違いはなく，初期の価値の値は，高いグループと低いグループに2分されている。

　特許の価値については，化学産業の特許の価値の値が突出して高い。電気機械，精密機械ではそれほど高くなかった。医薬品と化学産業は，特許の価値が他の産業と比べて高いと考えられる。

　表8.2は，引用がある特許と引用のない特許について別々に推定をおこなった結果である。陳腐化率に関しては，高い方としては，引用がある場合の医薬品が最も高かった。ついで引用のある場合の輸送用機械の陳腐化率が高く，化学産業の引用のある場合の陳腐化率がその次であった。低い方では，引用無し

第8章 特許の陳腐化率の計測

表8.1 パラメータ推定結果（基本モデル）

	医薬品	化学	電気機械	精密機械	輸送機械
δ	0.274**	0.323**	0.242**	0.245**	0.261**
	(0.092)	(0.036)	(0.021)	(0.021)	(0.104)
μ	4.613**	5.583**	3.878**	4.046**	3.906*
	(1.929)	(0.803)	(0.417)	(0.428)	(2.014)
σ	1.886**	2.257**	1.944**	1.854**	2.132**
	(0.413)	(0.181)	(0.099)	(0.093)	(0.539)
対数尤度	－375	－3747	－9606	－9524	－589
特許の価値（万円）	3405	7854	1783	3024	1726
サンプル数	265	2577	6412	6504	382

注：（ ）内は，標準誤差，有意水準：**1％；*5％。
出所：「IIP Data Base」知的財産研究所のデータを使用。

の輸送用機械と医薬品の陳腐化率がかなり近い値で低い値であった。ついで精密機械，電気機械，化学の引用無しの陳腐化率がほぼ近い値で低い値であった。医薬品，輸送用機械，化学では，引用がある場合とない場合では陳腐化率の値の差がかなり大きかった。電気機械，精密機械では引用がある場合とない場合では陳腐化率の値の差がそれほどでもなかった。陳腐化率が高い特許はそれだけ価値の高い特許であり，多くが引用されている。陳腐化率が低い特許は逆の場合に当たり，したがって差が大きくなる。引用されていても陳腐化率が低い特許は，もともと特許の価値がそれほど大きくないため引用されていない特許との差が小さい。

引用のあるなしを考慮した分析を行うと，考慮していなかった分析と比べて，違いが存在する。第一に輸送用機械の陳腐化率の値が大きくなっている。第二に化学の引用ありの特許の陳腐化率が低下している。第三に精密機械，電気機械では，引用のあるなしを考慮しない場合とそれほどの違いはなかった。医薬品，輸送用機械では特に陳腐化率の値が，引用のあるなしを考慮した場合とことなるため注意が必要である。

次に初期の値を調べていこう。引用のない特許の場合も引用のある場合も陳腐化率の推定結果と同様な傾向であった。特許の価値は，医薬品産業が最も大

表8.2 パラメータ推定結果（被引用を考慮したモデル）

	医薬品		化学		電気機械	
	被引用あり	被引用なし	被引用あり	被引用なし	被引用あり	被引用なし
δ	0.533*	0.180**	0.405**	0.252**	0.276**	0.234**
	(0.285)	(0.085)	(0.067)	(0.038)	(0.031)	(0.030)
μ	11.841	0.602*	7.984**	3.748**	4.822**	3.475**
	(9.633)	(1.522)	(1.769)	(0.754)	(0.674)	(0.572)
σ	3.423	1.425**	2.639**	1.909**	2.029**	1.952**
	(2.043)	(0.324)	(0.373)	(0.178)	(0.150)	(0.143)
対数尤度	-186	-186	-1809	-1906	-4900	-4659
特許の価値	2590	0.58	70	1.51	4.18	1.20
サンプル数	130	135	1276	1301	3339	3073

	精密機械		輸送機械	
	被引用あり	被引用なし	被引用あり	被引用なし
δ	0.277**	0.222**	0.499*	0.175**
	(0.032)	(0.028)	(0.310)	(0.099)
μ	5.018**	3.336**	10.064	2.116
	(0.699)	(0.539)	(9.267)	(1.669)
σ	1.887**	1.811**	3.462	1.738**
	(0.138)	(0.124)	(2.271)	(0.468)
対数尤度	-4476	-4977	-261	-324
特許の価値	5.08	1.09	460	3.55
サンプル数	3167	3337	173	209

注：（ ）内は，標準誤差，有意水準：** 1 %；* 5 %．特許の価値の単位は，1000万円．
出所：「IIP Data Base」知的財産研究所のデータを使用．

きく，最も小さい輸送機械産業の4倍以上になっている。化学産業も大きく，最も小さい輸送機械産業の3.5倍になっている。精密機械産業では，1.2倍であった。電気機械産業は，輸送機械産業と精密機械産業の間であった。化学産業と医薬品産業において特許の価値が大きいことがわかる。逆に電気機械産業と輸送機械産業では，どちらの推定結果でも特許の価値は低いという結果になっている。

8.5 結語

　この論文では，オーダードプロビッドモデルによって更新コストが，離散的に変化する場合の企業の特許の更新行動をモデル化した。実際のデータを用いて推定を行った結果，統計的に十分な結果を得て，このモデルが現実の行動を表すのに好ましいことを提示していた。そして日本における陳腐化率を推定し，特許の価値を求めた。われわれは統計的には正しい結果を得ているといえよう。特許の陳腐化率は産業間で異なっていた。われわれの結果は，化学と医薬品産業において他の産業よりも技術進歩率が高いことを示している。また特許の引用のあるなしは，陳腐化率などの推定に大きな影響をもたらす場合があることがわかった。しかしながらこの分析では，同一産業においては，陳腐化率は時間を通して一定と仮定していた。したがって陳腐化率の時間に対しての異質性を考慮することが必要である。そうした拡張は今後の研究になろう。

注
1) 研究開発や特許については，陳腐化率という場合が多いが，通常の資本ストックの場合は，減耗率または減価償却率の方が一般的であろう。以下は，陳腐化率に統一する。
2) 10, 15, 20%が想定されていたことがほとんどである。

第9章　研究開発の産業間スピルオーバーに関する分析

　本章からあとの3章ではいずれもイノベーションとスピルオーバーの分析をおこないたい。イノベーションは，特徴として，その外部性・スピルオーバーが発生すると考えられている。そこでまず本当にイノベーションのスピルオーバーは存在するのか実証的に検証したい。この章では研究開発のスピルオーバーに関して検証し，次の章ではITのスピルオーバーに関して検証し，最後に特許とスピルオーバーについて分析していく。日本の製造業の10産業に関しての双対性にもとづいた，トランスログ費用関数による分析である。まず研究開発資本のスピルオーバーに関しての定量的な指標を作成した。その結果，各産業の費用に対して研究開発のスピルオーバーが貢献していることがわかった。またスピルオーバーのコストに対するインパクトが得られており，比較的大きい影響があることがわかる。

9.1　外部性

　個人や企業といった経済主体の行動は，本来その行動をおこなった経済主体のみに関係しているものである。ある個人がある商品を購入しても，他の個人には本質的には関係がないし，ある企業がある商品を販売していても他の企業は他の商品を作っていれば関係はない。そうはいってもある個人がある財を購入したことにより，他の個人の購入する商品の価格が上昇したり，ある企業の販売した商品の価格が上昇したために，それを原材料として使っている企業の商品の価格が上昇することはあり，そうしたときは関係があるだろう。しかしながらそうした関係は市場の中に存在する。市場の中の取引の中で影響が存在している。現実にはいろいろな状況があり，市場の中で取引されない場合もあ

図9.1 研究開発の外部性

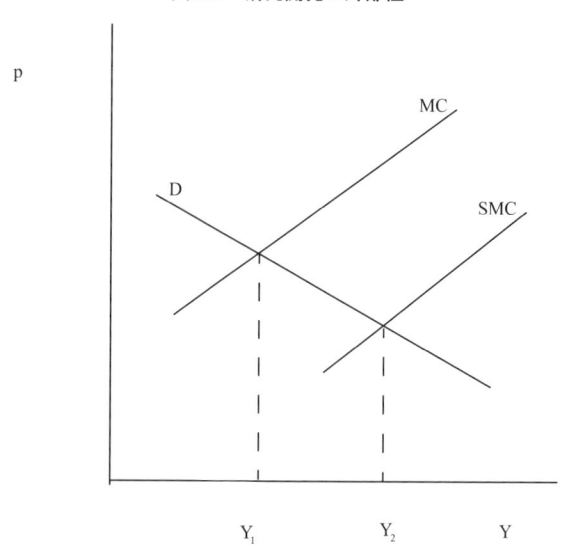

る。たとえば企業が発生させたある種の公害などは，社会としては，解消されるべきものだが，市場で取引されるわけではない。そのように他の経済主体に市場を通さないで影響を与えることを外部性という。外部性には，いわゆる社会的に好ましい場合と好ましくない場合がある。

　ここでは，研究開発の外部性を考えてみよう。図9.1に外部性の図がある。ある企業の研究開発がその企業のコスト削減に貢献したとしよう。そのとき他の企業はそのコスト削減のための研究開発をヒントにして自分たちの企業もコストの削減ができる場合がある。はじめは他の企業の影響を考慮しなければ，限界費用は，図（図9.1）の中で MC であるが，他企業の影響も考慮すると社会的には，SMC となり，下方にシフトしている。そして Y_2 が社会的に最適な生産量であり，外部性を考慮しないと生産量は過小になり，社会的厚生は過小になる。このように外部性を考慮すると，考慮しない場合に比べて大きな違いが生じる。

9.2 寡占市場と研究開発のスピルオーバー

本節では，寡占市場における研究開発活動について述べたい。さらに研究開発のスピルオーバーについても併せて論じていきたい[1]。本節では，市場に2社だけが存在している複占市場を想定する。2社は完全に対称的であり，他社の行動を考慮して，戦略的に行動する。ここでは，その戦略変数は，生産量と研究開発支出であり，モデルは2段階のゲームの構造をしている。1段階では研究開発支出が決定され，第2段階で生産量が決定される。この多段階のゲームは，サブゲームパーフェクトナッシュ均衡が求められるため，まず2段階目のゲームが行われて，次にそこで得られた結果をもとにして第1段階のゲームがなされることにな。

まず逆需要関数は以下のように書ける。

$$P = a - bY \tag{9.1}$$

ここで，a, b はパラメータ，$Y = Y_i + Y_j$。費用関数を以下のように定式化する。研究開発についてはスピルオーバーが存在するため他企業の研究開発支出が自社の費用関数に含まれている。

$$C_i(Y_i, RD_i, RD_j) = [c - RD_i - \beta RD_j]Y_i \tag{9.2}$$

ここで，j は他社を示す。c, β はパラメータである。利潤 π は以下のように書ける。

$$\pi_i = (a - bY)Y_i - (c - RD_i - \beta RD_j)Y_i - \gamma \frac{RD_i^2}{2} \tag{9.3}$$

γ はパラメータである。それぞれの企業が，まず生産量について最大化する。すると以下の生産量に関する式が得られる。

$$Y_i = \frac{(a - c) + (2 - \beta)RD_i + (2\beta - 1)RD_j}{3b} \tag{9.4}$$

ここで，上式の生産量を Y_i^* と書くと，利潤は以下のように書ける。

$$\pi_i = [a - b(Y_i^* + Y_j^*)]Y_i^* - [c - RD_i - \beta RD_j]Y_i^* - \gamma \frac{RD_i^2}{2} \tag{9.5}$$

各企業は，この利潤を，研究開発に関して最大化する。そのとき第一に，研究開発に関して非協力ゲームをする場合と，第二に研究開発に関して協調する場合の2ケースを考える。

1. $RD_i^N = \dfrac{(a-c)(2-\beta)}{(2-\beta) - 4.5b\gamma}$ (9.6)

2. $RD_i^C = \dfrac{(a-c)(\beta+1)}{4.5b\gamma - (1+\beta)^2}$ (9.7)

上付き添え字の N は非協力，C は協調を表す。この2ケースの研究開発支出が決定される。この2ケースについて比較すると，$\beta < 0.5$ のとき，RD^N の方が RD^C よりも大きい。逆に $\beta > 0.5$ のとき，RD^C の方が RD^N よりも大きいという結果が得られる。つまり研究開発のスピルオーバーが小さいときには，非協力的に行動する方が研究開発は大きくなるが，研究開発のスピルオーバーが大きいときには，協調的に行動する方が研究開発は大きくなる。スピルオーバーが大きいということは，自社の研究開発が，他社へ漏れていくと同時に他社の研究開発からも恩恵を大きく受けるため，協調的な行動の方がよいという結果になる。

生産量に関しては，非協力ゲームの場合も協調する場合も需要と費用のパラメータ以外の研究開発支出の大きさによって決定される。そこで研究開発のスピルオーバーが小さいときには，非協力的に行動する方が生産量は大きくなるが，研究開発のスピルオーバーが大きいときには，協調的に行動する方が生産量は大きくなる。また総余剰に関しては，消費者余剰については，生産量が大きい方が価格が低下するため余剰は大きくなる。生産者余剰については，研究開発支出が大きいと，研究開発支出は，コストの低下をもたらすため余剰にプラスに働く。

次に収入に関しては，需要の価格弾力性の値に依存するが，いま1以上で弾力的であれば，価格の低下は大きな生産量の増加をもたらすためプラスに働く。よってそのような場合に生産量の増加と同じ方向に動くため，総余剰は研究開

発のスピルオーバーが小さいときには，非協力的に行動する方が総余剰は大きくなるが，研究開発のスピルオーバーが大きいときには，協調的に行動する方が総余剰は大きくなる。

このように，イノベーションのスピルオーバーは，スピルオーバーがある場合とない場合では，大きくモデル分析の結果を変更することになる。企業の戦略的行動もより複雑になる。そこでまずスピルオーバーが実際に存在し，どのくらいのインパクトを持っているのか実証的に検証する必要がある。

9.3. はじめに

近年の企業の活動では，技術進歩の激しい社会の中で技術革新が重要な要素と考えられてきている。そこでそうした技術革新を行うための研究開発が重要と思われている。研究開発はその支出が，年とともに資本を形成していく。そこで一般的な機械などの設備投資と同様に，無形であるが一種のストックとなっていく。したがって他のストックと同様に処理することができる。もちろん研究開発に特有な性質があるためそうした点の考慮は必要である。

本章は，日本の製造業における，研究開発の産業間スピルオーバーに関する実証分析である。日本の製造業において，産業間研究開発のスピルオーバー効果が存在することをテストし，研究開発のスピルオーバーのコストに与える影響，社会的割引率を求める。

研究開発は，以前から企業の活動の中で重要であったが，近年特に外部性や研究開発を重視した内生的成長理論の発展とともに，研究開発の外部性つまりスピルオーバーについて，その重要度は増加している。研究開発のスピルオーバーについての実証分析もすでに現れており，Bernstein and Nadiri (1988, 1989)，Bernstein (1989) は，研究開発の産業間スピルオーバーに関する実証分析である。双対アプローチにより研究開発のスピルオーバー効果が存在することをテストし，研究開発のスピルオーバーの社会的割引率を求めている。Bernstein (1989) ではカナダのデータが，Bernstein and Nadiri (1988, 1989) では米国のデータで分析がなされている。

いずれの分析も製造業の特定ないくつかの産業に関して分析されている[2]。一般化コブ・ダグラス関数，または切断されたトランスログ関数が推定されている。自産業の費用関数の中の他産業の研究開発についての項が，産業間スピルオーバーを示すと定義されている。社会的割引率は，費用関数の推定されたパラメータを用いて求められている。結果としては，産業間スピルオーバーの存在が確認されたことと，産業間スピルオーバーの社会的割引率は高く，自産業の研究開発の割引率の2倍から4倍の大きさであった。

日本においては，Goto and Suzuki（1989），Odagiri and Murakami（1992），Suzuki（1992）が，研究開発のスピルオーバー効果を分析している。われわれは，産業間スピルオーバーを分析しているが，Goto and Suzuki（1989）は企業間，Odagiri and Murakami（1992），Suzuki（1992）は特定の産業内の研究開発のスピルオーバー効果を分析している。いずれの分析も研究開発のスピルオーバー効果が有意に影響を及ぼしていることを示した。Goto and Suzuki（1989）は，生産関数による分析であり，社会的割引率も計算し，私的な割引率よりも2倍以上大きいことを示した。Odagiri and Murakami（1992）では，研究開発の社会的割引率が私的な研究開発の割引率よりも同じから3倍大きいことを示した，Suzuki（1992）は1.2倍大きいことを示した。

Bernstein and Nadiri（1988, 1989），Bernstein（1989）では，一般化コブ・ダグラス関数が用いられた。Goto and Suzuki（1989）では，コブ・ダグラス関数が用いられ，Odagiri and Murakami（1992）では研究開発方程式が用いられている。したがって関数形は一般化されていない[3]。先験的な制約が代替の弾力性に存在している，トランスログ費用関数は先験的な制約がない。われわれはまた様々な弾力性を計測し，社会的割引率を検討する。

Odagiri and Kinukawa（1997）は，Bernstein and Nadiri（1988, 1989）の方法を日本のデータに適用し，さらにトランスログ費用関数に拡張している。そして4産業のうち3産業で研究開発のスピルオーバー効果の存在を確認している。彼らは研究開発のスピルオーバー効果の代理変数として全産業の研究開発データを使用することについての危険性を警告している。Odagiri and Kinukawa（1997）では自産業の研究開発を固定要素としているが，われわれ

第9章 研究開発の産業間スピルオーバーに関する分析

の研究は，自産業の研究開発を可変要素としている点と研究開発のスピルオーバーに関して社会的割引率を計測している点が，Odagiri and Kinukawa (1997) と異なっている。

本研究では日本の製造業の10産業に対してトランスログ費用関数のモデルを構築する。そして産業間のスピルオーバーをパラメータの有意性から検証し，同時に研究開発のスピルオーバーのコストへの弾力性，研究開発のスピルオーバーの社会的割引率を計測し先行研究と比較する。近年，内生的成長理論が発展しているが，研究開発の外部性の成長における重要性は増している。われわれの分析は伝統的な産業組織論だけでなく新しい成長理論においても貢献できるものである。

本章は次のように構成されている。モデルと方法が第4節にあり，データは第5節で記述され，推定結果は第6節にあり議論されており，結論と今後の課題が第7節にある。

9.4 モデルの構造

本分析では，われわれは費用関数を用いた双対アプローチを採用する。企業の生産構造は以下の生産関数であらわされる。

$$Y = f(X_K, X_N, X_{RDS}, X_{RDE}) \tag{9.8}$$

ここで，Yは産出量であり，X_i は第 i 投入物であり，i は資本ストックが K，労働が N，研究開発資本が RDS，研究開発スピルオーバーが RDE である。

上述の生産関数は，研究開発の存在以外は一般的である。他のいくつかの研究では研究開発を含んだ生産関数を採用している。

費用 C は次のように定義される。

$$C = w_K X_K + w_N X_N + w_{RDS} X_{RDS} \tag{9.9}$$

w_i は第 i 投入物の価格である。費用は資本費用，労働費用，研究開発資本費用の合計である。おのおのの投入量は以下のように決定される。

$$\operatorname*{Min}_{X_K, X_N, X_{RDS}} w_K X_K + w_N X_N + w_{RDS} X_{RDS} \tag{9.10}$$

$$s.t.\ Y = (X_K, X_N, X_{RDS}, X_{RDE}) \tag{9.11}$$

われわれは次の費用関数を得る。

$$C = C(w_K, w_N, w_{RDS}, X_{RDE}, Y, t) \tag{9.12}$$

費用はそれぞれの価格の関数である。われわれは費用関数を理論的に導出することができた。しかしながらその費用関数を直接推定することはできない。そこで費用関数の関数形を決める必要がある。われわれはトランスログ関数を以下のように費用関数に適用する。

$$\begin{aligned}\ln C &= \alpha_0 + \sum_i \alpha_i \ln w_i + \frac{1}{2}\sum_i\sum_j \beta_{ij}\ln w_i \ln w_j + \sum_i \beta_{iY}\ln w_i \ln Y + \beta_{RDE\,Y}\ln X_{RDE}\ln Y \\ &+ \alpha_Y \ln Y + \frac{1}{2}\beta_{YY}(\ln Y)^2 + \sum_i \beta_{i\,RDE}\ln w_i \ln X_{RDE} + \alpha_{RDE}\ln X_{RDE} \\ &+ \frac{1}{2}\beta_{RDE\,RDE}(\ln X_{RDE})^2 + \sum_i \beta_{i\,t}\ln w_i t + \beta_{RDE\,t}\ln X_{RDE}t \\ &+ \beta_{Y\,t}\ln Yt + \beta_i t \end{aligned} \tag{9.13}$$

上述のトランスログ費用関数は，費用関数の中で一般化されている。先験的な制約が存在しない，特に代替の弾力性は制約を受けない。さらにそれぞれの統計量が観測値ごとに得られるため相互に比較できる。この費用関数は最大化行動のもとで得られている。われわれの費用関数は価格に関して一次同次である。したがって以下の条件が必要である。

$$\begin{aligned}&\sum_i \alpha_i = 1, \quad \sum_i \beta_{ij} = 0, \quad \sum_j \beta_{ij} = 0 \\ &\sum_i \beta_{iY} = 0, \quad \sum_i \beta_{i\,RDE} = 0, \quad \sum_i \beta_{it} = 0, \beta_{ij} = \beta_{ji}\end{aligned} \tag{9.14}$$

われわれはシェファードのレンマによりおのおのの投入要素ごとに以下のシェア関数を得る。

$$S_i = \frac{w_i x_i}{C} = \frac{\partial \ln C}{\partial \ln w_i} \tag{9.15}$$

ここで S_i は第 i 要素のコストシェアである。この章では，4つの投入要素が採用されている。そこで2つのコストシェア関数[4]がおのおのの価格とタイムトレンドによって決定される。

R&D スピルオーバーの社会的割引率は次のように定義される (Bernstein and Nadiri, 1988)。

$$SRR = \left(\rho - \frac{\frac{\partial C}{\partial X_{RDE}}}{rdp} \right) \times 100 \tag{9.16}$$

ここで ρ は私的な研究開発の割引率である。rdp は研究開発の価格デフレータである。われわれは私的な研究開発の割引率に対する研究開発のスピルオーバーの社会的割引率の比率を以下のように定義する。

$$PSR = \frac{SRR}{\rho} \tag{9.17}$$

9.5 データと推定の方法

費用関数（9.13）と任意の二本のシェア方程式を SUR によって推定する。われわれのモデルは連立方程式であるため，体系推定が適用される。われわれの使用データは日本の製造業の10産業の1974年から1993年のパネルデータである。そこで固定効果を考慮して推定している。ダミー変数は繊維，パルプ産業について組み込まれている[5]。

データは以下に説明される。生産量は，実質 GDP であり，労働投入量は，雇用者数であり，賃金は1人あたり雇用者所得であり，いずれも国民経済計算年報（総務省）から収集されている。実質資本ストックは，民間企業資本ストック（総務省）から収集された。また卸売り物価指数は，経済統計年報（日本銀行）から収集された。資本コストは，経済統計年報（日本銀行）から収集された投資財価格デフレータに，同書から収集された平均約定金利と国民経済計算年報（総務省）から収集された資本減耗率を足したものをかけることにより得られている。研究開発資本は研究開発支出を減耗率を0.1としてベンチマー

ク年を1974年として恒久棚卸し法で得られている[6]。研究開発コストは資本コストと同様の方法で作られている。いずれも科学技術調査報告（総務省）から得られている。使用した産業のカテゴリーは以下のようである。食品・繊維・紙パルプ・化学・金属・金属製品・一般機械・電気機械・輸送機械・その他製造業である。

9.6 結果

表9.1にパラメータの推定結果が収められている。32のパラメータの中で，27のパラメータが10％水準で有意であった。したがって先行研究と比較して，このトランスログ費用関数はこの分析にうまく適用できているといえる。この後に各種の分析結果が現れるが，その結果はすべてこのモデルのパラメータをもとにしている。したがってそれらの結果の信頼性に不安はない。研究開発のスピルオーバーに関する項は7個の中で5個が有意であった。したがって研究開発のスピルオーバーの存在が確認されたといえるだろう。先行研究では米国，日本に関して特定の産業に関して研究開発のスピルオーバーの存在が確認されていた。われわれの研究では研究開発のスピルオーバーとして，他のすべての産業の研究開発の合計を使っているため，特定の産業ではなく製造業全体として研究開発のスピルオーバーの存在が確認されたことになる。

表9.2に研究開発のスピルオーバーに対するコストの弾力性の値がある。この値は，各産業の研究開発が自産業で資本の一種として生産の増加に寄与するだけでなく，社会的に外部性を発生させ，他の産業の生産にも貢献するというものである。したがってこの弾力性の値はコストに対する影響としてはコストの削減に役立つため，符号では，負の結果が期待される。研究開発のスピルオーバーはほとんどの値は負であり，理論どおりの値である。したがって研究開発のスピルオーバーが自産業で資本の一種として生産の増加に寄与するスピルオーバー効果の存在が実証的に証明された。

研究開発のスピルオーバーに対するコストの弾力性は，全体的な傾向としては絶対値が減少してきている。近年研究開発の重要性は増加してきているので，

第9章 研究開発の産業間スピルオーバーに関する分析

表9.1 費用関数推定結果

パラメータ	推定値	t値	パラメータ	推定値	t値
α_0	3139.7	5.2287	α_{RDE}	-54.019	-1.6835
α_N	34.472	5.3906	$\beta_{RDE\,RDE}$	0.1421	0.5375
α_K	40.056	4.7205	β_{NRDE}	0.1025	3.9196
α_{RDS}	-71.557	-10.4428	β_{KRDE}	0.1313	3.9366
β_{KN}	0.0044	0.4121	$\beta_{RDS\,RDE}$	-0.2338	-8.6900
β_{RDSN}	0.0049	0.5961	β_t	-1.6407	-5.1373
β_{RDSK}	0.1235	8.0373	β_{RDEt}	0.0292	1.6499
β_{NN}	-0.0093	-1.2673	β_{Nt}	-0.0173	-4.7943
β_{KK}	-0.1279	-6.0924	β_{Kt}	-0.0208	-4.5419
$\beta_{RDS\,RDS}$	-0.1285	-7.9319	β_{RDSt}	0.0377	10.2145
α_Y	-144.84	-4.5988	β_{Yt}	0.0791	4.6794
β_{YY}	-0.2105	-3.0061	D_1	0.5764	7.6315
β_{NY}	0.0203	2.8913	D_2	0.5764	7.3726
β_{KY}	-0.0217	-2.5460			
β_{RDSY}	0.0014	0.2049			
β_{RDEY}	-0.4971	-3.9416			

出所:「国民経済計算年報」総務省,「民間企業資本ストック」総務省,「経済統計年報」日本銀行,「科学技術調査報告」総務省のデータを使用。

表9.2 スピルオーバーに対するコストの弾力性

年	食品	繊維	紙パルプ	化学	金属
1975	-1.286	-0.638	-0.374	-0.298	-0.963
1980	-1.060	-0.383	-0.190	-0.489	-0.852
1985	-0.785	-0.065	0.062	-0.417	-0.512
1990	-0.485	0.244	0.201	-0.306	-0.325

年	金属製品	一般機械	電気機械	輸送機械	その他製造業
1975	-0.668	-0.471	-0.217	-0.951	-1.036
1980	-0.527	-0.525	-0.555	-0.854	-0.748
1985	-0.350	-0.404	-0.656	-0.610	-0.488
1990	-0.190	-0.283	-0.718	-0.454	-0.339

出所:「国民経済計算年報」総務省,「民間企業資本ストック」総務省,「経済統計年報」日本銀行,「科学技術調査報告」総務省のデータを使用。

研究開発がより盛んにおこなわれ，結果として以前のようなリターンが得られなくなっているからであろう。この結果から産業を3つのグループに分けることができる。第一に繊維，パルプ，食品，その他製造業，鉄鋼，輸送産業である。この産業は弾力性が絶対値でより減少してきている。1％ポイントぐらい減少している。第二に電機産業であり，対照的に絶対値で増加してきている。0.2％ポイントぐらい増加している。第三に化学，金属，一般機械産業であり一定に近い。さらに研究開発のスピルオーバーの水準の大きさを絶対値で比較してみると，近年では繊維，パルプ産業で小さく，電機産業で最も大きかった。他の産業はほぼ大きな差はなかった。

電機産業は最も研究開発投資が大きい産業である。また弾力性が一定に近い化学産業は2番目に研究開発投資が大きい産業である。反面繊維，パルプ産業は研究開発投資が最も少ない産業である。したがって傾向としては自分の産業の研究開発の額が大きいほど，研究開発のスピルオーバーの便益も大きいことが推測できる。これは自分の産業の研究開発の額が大きいとより他産業からの研究開発も活用が可能になるからである。

Odagiri and Kinukawa（1997）では，研究開発のスピルオーバーに対するコストの弾力性の値が値0.4から0.6であり，Bernstein（1989）では，1が最大値であり他の値は広く分布しているが，われわれの結果は前半はBernstein（1989）の結果に近いものであるが後半はOdagiri and Kinukawa（1997）に近い値となっている。Odagiri and Kinukawa（1997）ではスピルオーバーの産業が限定されているが，かれらの扱った産業に関しては，近年についてはわれわれの結果は比較的近い。よって研究開発のスピルオーバーとして全産業の値を使用してもそれほど大きな問題はないといえる。

次に社会的割引率について考えたい。結果は表9.3にある。ここでは社会的割引率と私的な研究開発の割引率の比率で評価している。社会的割引率は，電気機械産業で特に大きかった。電気機械産業は観測期間中で最も成長の大きい産業であり，研究開発の効果が大きかったといえる。また化学産業でもついで大きかった。他はほぼ同じ大きさである。Bernstein（1989）では，自産業の研究開発の額は社会的割引率の値に関係がないとしているが，ここでは自産業

第9章　研究開発の産業間スピルオーバーに関する分析

表9.3　研究開発スピルオーバーの社会的割引率の私的割引率との比較

年	食品	繊維	紙パルプ	化学	金属
1975	5.905	6.184	3.706	5.342	5.454
1980	2.110	1.879	1.470	4.082	2.149
1985	1.442	1.081	0.899	2.659	1.331
1990	1.293	0.772	0.711	2.144	1.195
年	金属製品	一般機械	電気機械	輸送機械	その他製造業
1975	2.969	2.657	4.077	6.225	7.166
1980	1.462	1.706	5.398	2.372	2.271
1985	1.189	1.366	5.852	1.496	1.477
1990	1.111	1.239	6.965	1.373	1.223

出所：「国民経済計算年報」総務省，「民間企業資本ストック」総務省，「経済統計年報」日本銀行，「科学技術調査報告」総務省のデータを使用。

の研究開発の額が大きいほど割引率も大きいといえる。

　値は観測期間の初期が極めて高かった。これは，石油ショックにより金利が政策的に高くされたためである。その後単調に減少していき，1980年以降はほぼ定常状態になっている。全体的には1.8位の値であった。したがって近年でも研究開発の価値は高く評価されていると考えられる。社会的割引率については Bernstein and Nadiri（1988, 1989），Bernstein（1989），Suzuki（1992），Goto and Suzuki（1989）で計算されている。Bernstein and Nadiri（1988, 1989），Bernstein（1989）ではほぼ1.5〜2倍という値であった。Suzuki（1992）では約1.2倍，Goto and Suzuki（1989）では4倍という大きな値であった。われわれは1.8倍であり，Bernstein and Nadiri（1988, 1989），Bernstein（1989）の結果に近い。

　アレンの偏弾力性の値が表9.4に収められている。まず第一に資本と研究開発の代替の弾力性はほとんどの産業・期間で代替関係を示している。したがって研究開発がコスト削減的におこなわれていたことがわかる。Nadiri and Prucha（1990）では補完関係であった。繊維産業においては後半に一時期補完関係になっている。さらに繊維産業は値の変動が最も大きかった。次にパルプ産業・金属産業が値の変動が大きかった。その他の産業は全体的に経年的に

表9.4 代替の弾力性と自己価格弾力性

年	食品	繊維	紙パルプ	化学	金属	金属製品	一般機械	電気機械	輸送機械	その他製造業
σ_{KRDS}										
1975	5.129	8.887	11.00	2.935	3.820	7.956	3.483	2.503	3.006	2.639
1980	8.711	-22.02	18.39	3.306	4.869	59.34	3.602	2.504	3.431	2.840
1985	6.449	41.778	5.330	2.985	4.725	6.339	2.616	2.028	3.181	2.473
1990	2.660	3.315	2.544	2.124	2.666	2.532	2.098	1.752	2.190	2.378
σ_{NRDS}										
1975	1.600	2.410	2.861	1.348	1.448	2.156	1.414	1.250	1.325	1.236
1980	2.150	-3.282	4.249	1.422	1.630	10.973	1.437	1.251	1.408	1.273
1985	1.893	9.330	1.882	1.402	1.672	1.988	1.286	1.183	1.408	1.233
1990	1.310	1.559	1.372	1.270	1.355	1.324	1.235	1.164	1.259	1.280
σ_{KN}										
1975	1.028	1.031	1.031	1.035	1.031	1.029	1.032	1.036	1.033	1.032
1980	1.027	1.030	1.031	1.034	1.030	1.029	1.032	1.036	1.032	1.032
1985	1.030	1.032	1.034	1.038	1.032	1.032	1.036	1.044	1.035	1.035
1990	1.037	1.041	1.045	1.050	1.041	1.041	1.047	1.062	1.046	1.041
η_K										
1975	-0.417	-0.358	-0.347	-0.423	-0.418	-0.374	-0.416	-0.466	-0.439	-0.485
1980	-0.393	-0.326	-0.340	-0.404	-0.397	-0.350	-0.412	-0.465	-0.417	-0.466
1985	-0.383	-0.320	-0.352	-0.399	-0.379	-0.361	-0.444	-0.520	-0.405	-0.479
1990	-0.432	-0.359	-0.398	-0.448	-0.408	-0.419	-0.472	-0.583	-0.453	-0.441
η_{RDS}										
1975	-4.194	-7.554	-9.418	-2.421	-3.148	-6.679	-2.880	-2.000	-2.450	-2.083
1980	-7.174	18.83	-15.763	-2.760	-4.056	-50.05	-2.987	-2.002	-2.837	-2.272
1985	-5.395	-36.33	-4.596	-2.503	-3.996	-5.405	-2.123	-1.538	-2.656	-1.958
1990	-2.179	-2.861	-2.129	-1.700	-2.219	-2.089	-1.651	-1.223	-1.752	-1.929
η_N										
1975	-0.838	-0.873	-0.879	-0.890	-0.860	-0.860	-0.871	-0.883	-0.870	-0.854
1980	-0.838	-0.874	-0.879	-0.889	-0.861	-0.860	-0.872	-0.883	-0.873	-0.856
1985	-0.859	-0.894	-0.901	-0.910	-0.880	-0.882	-0.892	-0.912	-0.894	-0.875
1990	-0.900	-0.938	-0.946	-0.956	-0.923	-0.924	-0.938	-0.968	-0.938	-0.921

注:σ_{ij};ij要素間の代替の弾力性,η_i;i要素の自己価格弾力性。
出所:「国民経済計算年報」総務省,「民間企業資本ストック」総務省,「経済統計年報」日本銀行,「科学技術調査報告」総務省のデータを使用。

少し減少している。0.5%ポイントくらいの減少である。値のレベルとしては，金属産業が最も大きく，次にパルプ，食品という順であり，電機産業が最も小さかった。したがって研究開発が大きいほど値は小さいという傾向にある。特異な変動を示した繊維産業は最も研究開発が小さい産業であった。そこで研究開発が小さいほど変動が激しいという傾向も見られた。

第二に研究開発と労働の代替の弾力性を考えたい。関係は代替関係であった。Nadiri and Prucha（1990）では，日本に関しては補完，米国に関しては代替という関係であった。研究開発と労働の代替の弾力性は資本と研究開発の代替の弾力性の値の関係と傾向が類似している。インパクトは資本と研究開発の代替の弾力性の値の方が強いという結果であった。やはり繊維，パルプ，食品の産業の値は他の産業の値と異なった傾向にあった。レベルの値の順位は資本と研究開発の代替の弾力性の値の場合と同じであった。

最後に資本と労働の代替の弾力性の値に関して簡単に触れたい。値の傾向は前述の研究開発と労働の代替の弾力性の値と資本と研究開発の代替の弾力性の値の場合と近いが低かった。ただ値の変動はほとんどなく，ほぼ一定の値であった。

すべての代替の弾力性の値を比べてみると，経年的な変動の傾向は比較的小さいものであった。値はレベルでは資本と研究開発の代替の弾力性の値が最も大きく，順に研究開発と労働の代替の弾力性，資本と労働の代替の弾力性であった。またいずれの関係も代替関係であった。

次に自己価格弾力性の値を考えたい。まず第一に研究開発の自己価格弾力性の値は，アパレル産業では正の値をとってしまい，バイオレイトしているが，他の産業では問題はない。金属，パルプでは値が小さかった。金属，パルプ以外には全体的に経年的に，わずかに絶対値で0.5%ポイント程度低下している。また電機産業は最も大きい値であった。

次に資本と労働に関して簡単に触れると，資本の自己価格弾力性の値は，電気，その他製造業で変動が大きかった。他はほぼ経年的に一定の値であった。繊維産業が0.3位であるのを除くと，他はほぼ0.4くらいであった。次に労働に関しては，やはり経年的に変化に乏しいが，0.01から0.02%ポイントくらい減

少している。Fuss and Waverman（1990）と比較してみても大きな違いはなかったが，いずれも値は大きくなっている。全体を比較すると，研究開発の自己価格弾力性の値が最も大きく，労働，資本の順であった。

9.7 むすび

さて本章では，われわれはわが国の研究開発のスピルオーバーに関する実証分析をおこなった。分析の方法としては，双対性にもとづく，トランスログ費用関数が用いられ，製造業の10産業に関して分析がおこなわれた。ここで得られた主要な結論は以下の通りである。

第一に，わが国の製造業における産業間の研究開発のスピルオーバーの存在が推定されたパラメータの有意性からほぼ確認された。また費用に対する研究開発のスピルオーバーの弾力性の符号も条件を満たしており，研究開発のスピルオーバーの存在がより確認された。第二に，費用に対する研究開発のスピルオーバーの弾力性が計算され，ほとんどの産業の計測期間において，コスト削減に効果を及ぼすことがわかった。特に自産業の研究開発の大きい産業ほど，効果が大きいといえる。第三に，研究開発のスピルオーバーの社会的割引率が計算された。私的な研究開発の割引率との比率は1.8ほどであり，米国における先行研究に近い結果であった。特に自産業の研究開発の大きい産業ほど割引率が高い傾向にある。

われわれの分析は，静学的な分析であった，一種の投資を扱っているため，動学化は自然な方向である，また政府の政策も重要な意味がありそうした拡張は今後の課題である。本章では，研究開発のスピルオーバーに関しての実証分析がおこなわれ研究開発のスピルオーバーの存在が確認できた。したがって研究開発を分析していく際にはスピルオーバーを考慮していく必要があることがわかった。研究開発のスピルオーバーに関しては，産業内のスピルオーバーも含めて他にも考慮する必要がある可能性はある。そこで次に同じようにイノベーションを示すと考えられるITのスピルオーバーについても調べていく。

注

1) 本節は,伊藤,清野,奥野,鈴村(1988),小田切(2001),D'Aspremont and Jacquemin (1988),Suzumura (1992) を参考にしている。
2) 対象の産業は,ハイテク産業とされている。
3) Suzuki (1992) では一般的なトランスログ費用関数が用いられているが,スピルオーバーについては一般的な関数形に組み込まれていない。
4) 投入要素の一つは準固定要素である。
5) 繊維,パルプ産業は他と比べて,かなり小規模な産業である。
6) 他の減耗率も計算されたが大きな違いはなかった。

第10章　IT 資本のスピルオーバーに関する分析

　本章では，前章に続いてスピルオーバーに関する実証分析をおこなう。この章では，イノベーションとして研究開発ではなくITをイノベーションとしている。ITは資本としての性質は他の資本と同じであるが，他の資本とは異なる特性として，外部性が挙げられる。外部性は，研究開発や特許にもあるといわれるがITでもその存在の可能性がある。そこでITのデータを収集してITのストックのデータを作成してスピルオーバーを実証的に検討する。この章では，第9章の研究開発の産業間スピルオーバーでおこなった手法とほぼ同様の方法によって分析が行われている。分析の結果，ITのスピルオーバーに関する変数はそのほとんどが有意であった。したがって，ITのスピルオーバーの存在が確認されたといえる。費用のITのスピルオーバーに対する弾力性を計測してみると，ITのスピルオーバーが費用の削減をもたらしていることがわかった。

10.1　はじめに

　この章の目的は，IT資本のスピルオーバーを実証的に検証することにある。ある産業のIT資本がその産業の生産に寄与するだけでなく，スピルオーバーが生じて他の産業の生産にも貢献するかどうかについて実際のデータを用いて定量的に分析する[1]。
　以前は，IT資本の生産への寄与は確認されなかった。しかしながら，近年IT資本の生産への貢献を実証的に支持する研究が見られている。一般の資本もアウトプットや生産性の上昇に貢献している。したがってITは，他の一般的な資本と比べて，インパクトの違いはあるものの，アウトプットや生産性への貢

献という点では，一般資本も IT 資本も同じである。しかしながら IT 資本の他の一般資本との本質的な違いの一つは，IT 資本は外部性を発生するということである。外部性を発生させる資本としては，他にも研究開発資本や，一般資本でも見られており，実証的にも研究がなされている。しかしながら IT 資本のスピルオーバーを実証的に検証した研究は，Morrison and Seigel（1997）以外まだ発見できない。

そうしたスピルオーバーの実証分析がおこなわれていない理由の一つは，データの使用可能性の問題である。スピルオーバーを実証的に分析していくには，集計されたデータではなく，なんらかの非集計データが必要になる。IT のデータはまだ歴史が浅く整備が十分ではなく，非集計データの場合はさらにデータ利用の困難さが増加する。

Morrison and Seigel（1997）は，IT 資本のスピルオーバーを実証的に計測した研究である。IT 資本だけでなく，研究開発資本と人的資本も考慮されて分析している。IT 資本のコストに対する弾力性は，－0.1 の周辺である。彼らの研究は，IT 資本のスピルオーバーを計測する先駆的な研究である。しかしながら自産業の IT 資本と IT 資本のスピルオーバーとの区別がなされていない。したがって自産業の IT 資本と IT 資本のスピルオーバーとの関係を論じることができない。われわれの研究は，自産業の IT 資本と IT 資本のスピルオーバーとが明確に区別されている。したがってインパクトの違いが考慮されている。さらに製造業の10産業が分析の対象になっている。

われわれは，この論文でまず産業別の IT 資本のデータをつくり，それを用いてトランスログモデルを用いて実証分析をおこなった。そこで理論的な整合性が保たれる。また計測期間のすべての期間で検証がおこなわれる。こうした

Morrison and Seigel（1997）以外のスピルオーバーの実証分析では，研究開発に関する先行研究がある。そこでそうした先行研究と比較も行える。

この分析は以下のように構成されている。第2節でモデルとデータと推定方法が述べられ，第3節で実証結果が述べられ議論され，第4節で結論が述べられている。

10.2 モデル

本章では，われわれはいわゆる双対性による費用関数によるアプローチを用いる。

われわれは，次の可変費用関数を採用する。

$$C = C(w_K, w_N, w_{IT}, X_E, Y, t) \tag{10.1}$$

ここで，Y は産出量であり，X_i は第 i 投入物であり，i は資本ストックが K，労働が N，IT 資本が IT，IT スピルオーバーが E であり，t はタイムトレンドである。w_i は第 i 投入要素の価格である。C は費用である。費用は資本費用・労働費用・IT 資本費用の合計であり，それぞれの価格，生産量，IT 資本の関数である。しかしながらその費用関数は直接推定することはできない。そこで費用関数の関数形を決める必要がある。われわれはトランスログ関数を以下のように費用関数に適用する。

$$\begin{aligned}\ln C = {} & \alpha_0 + \sum_i \alpha_i \ln w_i + \frac{1}{2}\sum_i\sum_j \alpha_{ij}\ln w_i \ln w_j + \sum_i \beta_{iY}\ln w_i \ln Y + \alpha_Y \ln Y \\ & + \frac{1}{2}\alpha_{YY}(\ln Y)^2 + \sum_i \beta_{iE}\ln w_i \ln X_E + \beta_E \ln X_E + \frac{1}{2}\beta_{EE}(\ln X_E)^2 \\ & + \sum_i \beta_{it}\ln w_i t + \beta_{EY}\ln Y \ln X_E + \beta_{Yt}\ln Y t + \beta_{Et}\ln X_E t + \beta_t t + \beta_{tt}t^2\end{aligned} \tag{10.2}$$

上述のトランスログ費用関数は費用関数の中で一般化されている。先験的な制約が存在しない。特に代替の弾力性は制約を受けない。さらにそれぞれの統計量が観測値ごとに得られるため相互に比較できる。この費用関数は最大化行動のもとで得られている。われわれの費用関数は価格に関して一次同次である。したがって以下の条件が必要である。

$$\begin{aligned}& \sum_i \alpha_i = 1, \quad \sum_i \alpha_{ij} = 0, \quad \sum_j \alpha_{ij} = 0 \\ & \sum_i \beta_{iE} = 0, \quad \sum_i \beta_{iY} = 0, \quad \sum_i \beta_{it} = 0, \quad \alpha_{ij} = \alpha_{ji}\end{aligned} \tag{10.3}$$

われわれはシェファードのレンマによりおのおのの投入要素ごとに以下のシェア関数を得る。

$$S_i = \frac{w_i X_i}{C} = \frac{\partial \ln C}{\partial \ln w_i} \tag{10.4}$$

ここで, S_i は第 i 要素のコストシェアである。この論文では, 4つの投入要素が採用されている。そこで3つのコストシェア関数がおのおのの価格とタイムトレンドによって決定される。

われわれのデータは, 集計データである。われわれは, IT ストックについて"機械受注統計"(総務省)を用いて, 産業ごとに非集計化した。費用関数(10.2式)と任意の二本のシェア関数を SUR によって推定する。われわれのモデルは連立方程式であるため, 体系推定が適用される。推定のためのデータは, 1974年から1993年の製造業の産業別のパネルデータである[2]。

10.3 推定結果

産業別の IT 比率が表10.1にある。そこで表産業別の IT 資本比率を比べてみよう。すべての産業の中で機械産業とその他製造業が, 最も IT 資本比率が高かった。機械産業は, 電気機械産業を含んでおり資本を中心に製造する産業である。さらにその他製造業も高かった。この産業は, IT 資本を多く使用する産業である。この2産業は, IT 資本比率が, 14%を超えている産業であり, IT 資本の集約度が極めて高い産業と見なせる。化学産業と輸送機械産業は, 比較的 IT 資本を利用する産業であり, IT 資本比率が4%をほぼ超えている。鉄鋼産業と紙・パルプ産業は IT 資本比率がきわめて低い産業であった。その値は, 1.2%と1.4%であった。石油産業と金属産業は, IT 資本比率が, 比較的低い産業であった。それらの値は, 1.6%であった。残りの産業は(2産業), IT 資本比率が2%の後半であった。IT 資本比率は, 多くの産業で1990年以降, 伸びが弱くなっているが, IT 資本の集約度の高い産業では, 高い伸びが続いている。産業別のデータを使用すると, 産業ごとの IT 資本の利用の異質性が発見できる。

第10章　IT資本のスピルオーバーに関する分析

表10.1　産業別IT比率（対一般資本）

年	食品	繊維	製紙	化学	石油
1980	0.877	0.680	0.356	1.218	0.604
1985	1.300	1.513	0.616	1.978	0.779
1990	2.395	2.550	1.157	3.815	1.283
1995	2.839	2.642	1.285	4.244	1.536
年	鉄鋼	金属	機械	輸送	その他製造
1980	0.405	0.670	4.031	1.733	2.453
1985	0.584	1.093	8.318	3.140	4.776
1990	1.008	1.607	13.603	5.319	10.546
1995	1.219	1.643	14.19	45.361	13.757

出所：「機械受注統計」総務省，「国民経済計算年報」総務省，「民間企業資本ストック」総務省，「経済統計年報」日本銀行，「科学技術調査報告」総務省のデータを使用。

表10.2　費用関数推定結果

パラメータ	推定値	t-値	パラメータ	推定値	t-値
α_0	-186.272	-2.533	β_E	-28.1304	-2.082
α_N	-0.45058	-0.900	β_{EE}	-2.43390	-1.910
α_K	1.39434	2.862	β_{NE}	-0.13559	-2.783
α_{IT}	0.05624	1.600	β_{KE}	0.12183	2.569
α_{KN}	-0.00875	-0.964	β_{ITE}	0.01375	4.374
α_{ITN}	0.00069	0.767	β_t	6.04111	2.449
α_{ITK}	-0.00306	-1.823	β_{Et}	0.46080	2.009
α_{NN}	0.00806	0.863	β_{Nt}	0.02037	2.382
α_{KK}	0.01182	1.309	β_{Kt}	-0.01878	-2.257
α_{ITIT}	0.20037	1.620	β_{ITt}	-0.00158	-2.127
β_{Yt}	0.07565	2.345	α_{YY}	0.11637	0.696
β_{tt}	-0.09656	-2.319	β_{NY}	0.02683	1.837
β_{KY}	-0.03253	-2.288	β_{EY}	-0.34939	-1.836
β_{ITY}	0.00570	5.752	α_Y	-4.52365	-2.127

出所：「機械受注統計」総務省，「国民経済計算年報」総務省，「民間企業資本ストック」総務省，「経済統計年報」日本銀行，「科学技術調査報告」総務省のデータを使用。

表10.3 IT外部性のコスト弾力性

年	食品	繊維	製紙	化学	石油
1980	−2.570	−2.133	−2.109	−2.321	−2.409
1985	−2.602	−2.051	−2.098	−2.439	−2.458
1990	−2.621	−2.066	−2.196	−2.556	−2.485
1995	−1.325	−0.767	−0.874	−1.295	−1.156

年	鉄鋼	金属	機械	輸送	その他製造
1980	−2.205	−2.495	−2.064	−2.460	−2.475
1985	−2.235	−2.486	−2.048	−2.471	−2.463
1990	−2.326	−2.594	−2.235	−2.565	−2.526
1995	−1.032	−1.293	−0.987	−1.288	−1.168

出所:「機械受注統計」総務省,「国民経済計算年報」総務省,「民間企業資本ストック」総務省,「経済統計年報」日本銀行,「科学技術調査報告」総務省のデータを使用。

　パラメータの推定結果は,表10.2にある。10%の有意水準で,28のパラメータのうち22が有意であった。過去のこの種の分析と比較しても,トランスログモデルがこの分析に十分適している。いくつかの計算を行うが,すべてこの推定されたパラメータにもとづくものであり,結果の信頼性に疑いはない。ITのスピルオーバーに関する項の7個のすべてのパラメータは,いずれも有意であった。したがってわが国製造業における,ITのスピルオーバーの存在が確認された。

　コストに対するIT資本のスピルオーバーの弾力性を調べてみよう。IT資本の外部性のコストに対する弾力性が表10.3にある。この弾力性の値は,モデルの理論的な要求から負の値でなければならない。また直感的にも,もしIT資本のスピルオーバーがコストの増加をもたらすとしたら,IT資本を導入しない方が合理的である。結果はすべての値に関して負の値であり整合的な値であった。

　食品・化学・石油・金属・輸送用機械・その他製造業の6産業は,ほとんど同じ値であった。これらの産業を弾力性の高いグループと呼ぼう。繊維・製紙・鉄鋼・機械の4産業は,また近い値であった。これの産業を低い弾力性のグル

第10章　IT資本のスピルオーバーに関する分析

表10.4　IT外部性の労働弾力性

年	食品	繊維	製紙	化学	石油
1980	−1.228	−1.722	−1.153	−1.171	−0.791
1985	−1.811	−1.887	−1.123	−1.117	−0.787
1990	−1.680	−1.893	−1.052	−0.939	−0.839
1995	−1.803	−2.011	−1.137	−0.926	−0.898

年	鉄鋼	金属	機械	輸送	その他製造
1980	−1.287	−1.629	−5.790	−1.626	−1.682
1985	−1.366	−2.014	−3.322	−1.855	−1.620
1990	−1.381	−1.924	−2.564	−1.431	−1.465
1995	−1.507	−1.715	−2.640	−1.572	−1.721

出所：「機械受注統計」総務省，「国民経済計算年報」総務省，「民間企業資本ストック」総務省，「経済統計年報」日本銀行，「科学技術調査報告」総務省のデータを使用。

ープと呼ぼう。高い弾力性のグループと低い弾力性のグループの値の違いは大きくはなかった。すべての産業で弾力性は絶対値で大きくなっていき，1990年にピークとなる。1990年からは弾力性の伸びは小さくなる。IT資本の外部性の伸びが小さくなったのは，マクロ経済の不況が理由である。

　われわれは，われわれの結果と先行研究の結果を比較したい。われわれの結果は，Morrison and Seigel（1997）よりも明確に絶対値で高い。IT資本だけでなく研究開発のスピルオーバーの結果も含めて，Morrison and Seigel（1997）のすべての結果は絶対値で低い。したがってMorrison and Seigel（1997）の結果は，過小推定である可能性がある。研究開発のスピルオーバーの費用に関する弾力性の計測結果がいくつかある。その結果は，強い影響を与えると思われる，ある特定の1産業からのインパクトである。その値は，絶対値で0.5か0.6である（Odagiri and Kinukawa, 1997）。われわれの結果は，ある1産業からのインパクトでなく，自産業を除いた，すべての産業からの影響の結果である。われわれの結果は，研究開発のスピルオーバーのコストへの弾力性の結果よりも絶対値で大きい値であった。

　IT資本のスピルオーバーの労働に対する弾力性が表10.4にある。すべての

表10.5 IT外部性の自産業のIT資本弾力性

年	食品	繊維	製紙	化学	石油
1980	1.617	2.069	3.141	1.114	0.641
1985	1.222	0.932	1.855	0.587	0.500
1990	0.842	0.547	1.147	0.345	0.330
1995	1.423	0.734	1.955	0.515	0.650

年	鉄鋼	金属	機械	輸送	その他製造
1980	3.366	2.770	3.013	1.395	1.136
1985	1.920	1.601	1.328	0.754	0.620
1990	1.272	1.252	0.717	0.403	0.334
1995	1.869	1.922	1.005	0.638	0.468

出所:「機械受注統計」総務省,「国民経済計算年報」総務省,「民間企業資本ストック」総務省,「経済統計年報」日本銀行,「科学技術調査報告」総務省のデータを使用。

値は負の値であった。したがってIT資本のスピルオーバーの増加は,労働の減少を意味している。IT資本と労働の代替の進展は明らかに進んでいる。機械産業の弾力性が,絶対値で最も大きかった。食品産業と繊維産業の弾力性もまた絶対値で高かった。石油産業と化学産業の弾力性は絶対値でかなり低かった。時系列的な傾向は,3グループに分けれられる。一つ目のグループは,絶対値で増加しているタイプで,食品や繊維産業である。二つ目は,一定のタイプである。いくつかの変動はあるにしても比較的一定であるグループである。最後は,減少しているグループで,化学,石油,金属,機械,その他製造業である。弾力性が絶対値で減少してきている。

IT資本のスピルオーバーの自産業のIT資本に対する弾力性が表10.5にある。すべての値は正の値である。これは,IT資本のスピルオーバーの増加が,自産業のIT資本の増加をもたらしていることである。金属産業の弾力性は高かった。パルプと鉄鋼もまた高かった。その他製造業の値は最も低かった。化学産業と石油産業の値もまた低かった。時系列的な傾向は,ほぼすべての産業で同じである。弾力性は減少してきている。しかしながらわずかに1990年から1995年について増加している。

10.4　むすび

　われわれは，産業間のIT資本のスピルオーバーの効果を日本の製造業に関して分析した。われわれの主要な方法は，双対アプローチによるトランスログ費用関数のモデルによる。主要な結果は以下の通りである。

　IT資本のスピルオーバーに関するパラメータはすべて有意であり，その効果を示している。IT資本のスピルオーバーのコストに関する弾力性の値は，すべて理論通り負の値を示している。IT資本のスピルオーバーが，すべての産業ですべての期間，コストを削減させていることを示している。すべての弾力性は絶対値で増加してきて，ピークは1990年で絶対値で低下する。われわれの結果は，Morrison and Seigel（1997）よりも明らかに絶対値で大きい値である。すべてのIT資本のスピルオーバーの労働に対する弾力性の値はすべて負の値であった。したがってIT資本のスピルオーバーの増加は，労働の減少を意味している。IT資本と労働の代替の進展は明らかに進んでいる。

　われわれのモデルは，静学的なモデルである。IT資本の投資という観点は重要であり，動学的なモデルへの拡張が自然であり望まれる。政府の政策もまた重要である。これらの拡張点は，今後の研究の課題である。

注

1） 本稿でのIT資本の定義は，コンピューターおよびその周辺機器，有線・無線通信機器およびその周辺機器である，Berndt and Morrison（1995）のハイテク資本の定義と同じである。Berndt and Morrison（1995）はIT資本をハイテク資本と呼んでいる。わが国では，篠崎（1999）が先駆的な業績であり，情報資本の定義は同じである。5,6章を参照されたい。

2） Nakanishi（2002）を参照。産業分類は以下のようになっている。食品，繊維，製紙，化学，石油，鉄鋼，金属，機械，輸送その他製造業。

第11章 特許のスピルオーバー

前章では，研究開発とITのスピルオーバーの分析がされていたが，ここでは特許のスピルオーバーの分析をおこないたい。特許もその存在のためにスピルオーバーが生じると考えられている。またこの章の分析は特許がテーマではあるが，研究開発に関しても同様に分析される。両者の違いを明らかにしていきたい。また前章では，産業間スピルオーバーのみがスピルオーバーと考えられていたが，この章では産業内スピルオーバーもデータを作成して分析する。スピルオーバーを特許と研究開発のそれぞれについて，産業間と産業内の場合について定義して作成している。結果はスピルオーバーは，一部のモデルで有意でない場合も存在するが，多くの場合統計的に有意であって，その存在が確認できた。この章では，個々の企業のパネル推定を行っている。そこでも外部性の存在が確認され，ロバストな結果であることがわかった。

11.1 はじめに

本章の目的は，企業レベルのデータを使用して，特許の生産の決定を実証的に調べ，同時に特許に関するスピルオーバーについても実証的に分析することである。現代では企業の戦略として，研究開発は重要な手段の一つであり，短期的な企業の戦略としてだけではなく，マクロ的に国の成長を考える上でも重要である。研究開発は，多大な投資をしても他の企業に模倣されては，価値が低下してしまう。したがって，模倣されないように特許制度が確立されている。よって特許は企業にとって権利確立の手段になっている。しかしながら特許に申請するということは逆に，技術をそのままではないにしろ模倣されてしまう可能性もある。企業にとっては，それは好ましくないことかもしれないが，マ

クロ的に見れば，社会全体が成長していくことは好ましいことである。

　特許に関する分析は，Griliches（1981）から，始まっている。近年では，Sakakibara and Branstetter（2001）が代表的な研究で，わが国では山田（2009）が特許に関する包括的な実証分析である。それらではいわゆる特許生産関数と呼ばれる関数の推定がおこなわれている。そうした分析には，外部性を考慮した分析は少ない（山田，2009）。そこでこの章では，特許生産関数に外部性を導入する。ここでの外部性は，2種類のスピルオーバーを考慮している。第一は，研究開発のスピルオーバーである。他企業の研究開発活動がその製品や研究活動をつうじて自企業の生産活動に影響を及ぼすというスピルオーバーを生じるものである。第二のスピルオーバーは，特許のスピルオーバーである。他企業の特許が登録されることによって特許から情報を得て自企業の生産活動に貢献するというものである。さらにスピルオーバーに関して，個別企業のデータを使用しているため，同一産業内スピルオーバーと異なる産業との産業間スピルオーバーの2種類を想定している。こうしてスピルオーバーを区別して実証分析している先行研究は少ない。

　この章では，まず第1節で研究の紹介がなされ，第2節でモデルの構造が説明され，第3節で推定結果について議論が行われ，最後に結論が述べられる。

11.2　モデル

　この節では，スピルオーバーの分析のため以下のようなモデルを使う。最も中心となる分析は，特許のスピルオーバーを明らかにすることで，特に特許に関しては，特許の決定に関するいわゆる，特許生産関数の分析を目標としている。そこで企業は，利潤を最大化するように特許の量を決定する。特許は，生産要素の一つとして生産活動に貢献する場合もあるし，生産関数や費用関数の技術進歩を表す。特許はコストがかかるが，そのコストはそれぞれの特許によって明確ではない。特許は研究開発の成果として製作される。したがって研究開発の量と研究開発のコストが特許のコストを示すと考えられる。ここでは，まず研究開発の決定について調べる。研究開発の決定と特許の決定は異なるが，

第11章　特許のスピルオーバー

近い部分もあるため比較してみよう（Sakakibara and Branstetter, 2001）。

$$R\&D(i,t) = a_0 + a_1 Scale(i,t) + a_2 PR(i,t) + a_3 SOI(i,t) + a_4 SOO(i,t)$$
$$+ \mu(i) + \epsilon(i,t), \quad (11.1)$$

$$PA(i,t) = a_0 + a_1 Scale(i,t) + a_2 PR(i,t) + a_3 SOI(i,t) + a_4 SOO(i,t)$$
$$+ \mu(i) + \epsilon(i,t) \quad (11.2)$$

ここで，$R\&D$ は研究開発，$Scale$ は売上高，PR が利潤，SOI が産業内スピルオーバー，SOO が産業間スピルオーバー，PA は特許である。スピルオーバーは，研究開発の場合と特許の場合の2種類がある。$\mu(i)$ は観察されない企業固有の効果，$\epsilon(i,t)$ は誤差項 i が企業，t が時間である[1]。研究開発は，まず企業の規模が関係する。シュンペーター仮説によれば，企業規模の増加以上に研究開発支出は増加するはずである。ただし実証結果はそうはなっていないことが多いため，実証的には確定していない。企業規模を示すには売上高を代理変数として使用する。次に利潤で決定する。利潤が多ければそれだけ研究開発支出が増加できるという関係である。次にスピルオーバーがモデルに組み込まれる。このスピルオーバーは，第一に研究開発のスピルオーバーである。他企業の研究開発活動がその製品や研究活動をつうじて自企業の生産活動に影響を及ぼすという外部性を生じるものである。第二のスピルオーバーは，特許のスピルオーバーである。他企業の特許が登録されることによって特許から情報を得て自企業の生産活動に貢献するというものである。さらにスピルオーバーに関して，個別企業のデータを使用しているため，同一産業内スピルオーバーと異なる産業との産業間スピルオーバーの2種類を想定している。

11.3　結果

表11.1は，研究開発支出の決定でスピルオーバーが研究開発の場合に関する推定結果である[2]。売上高は，すべての推定式で期待された符号で有意であった。すべて正で有意なため，規模が大きくなると研究開発支出も大きくなるこ

表11.1　研究開発スピルオーバーの研究開発への影響

	被説明変数：研究開発			
	(1)	(2)	(3)	(4)
売上高	0.6678	0.4934	0.2767	0.2857
	(18.9)	(16.1)	(9.59)	(10.0)
利潤	0.0768	0.0385	0.0100	0.0086
	(4.65)	(2.75)	(0.81)	(0.70)
研究開発産業内スピルオーバー		0.5255	0.1844	
		(22.5)	(7.07)	
研究開発産業間スピルオーバー			0.7208	0.5914
			(31.8)	(20.5)
定数項	−9.4134	−8.6557	−7.3694	−7.4700
	(−21.1)	(−23.0)	(−21.9)	(−22.6)

注：（　）内は，t-値。
出所：「日経NEEDS」日本経済新聞社，「JIPデータベース」RIETIのデータを使用。

とがわかった。ただしパラメータの値は，1以下であり，規模の増加に対してそれ以下の割合で上昇する結果であった。利潤は，産業間の研究開発のスピルオーバーがない推定式では，期待された符号で有意であった。しかしながら産業間の研究開発のスピルオーバーがある推定式では，非有意であった。次に研究開発のスピルオーバーに関しては，産業内も産業間もいずれも期待された符号で有意であった。ただし産業間のスピルオーバーの方が弾力性の値が大きかった。したがって研究開発支出の決定に関して，研究開発のスピルオーバーは大きな役割をはたしていることがわかった。

　表11.2は，研究開発支出の決定でスピルオーバーが特許の場合に関する推定結果である[3]。売上高は，すべての推定式で期待された符号で有意であった。すべて正で有意なため，規模が大きくなると研究開発支出も大きくなることがわかった。この結果は，スピルオーバーが研究開発のときと同じである。ただしパラメータの値は，1以下であり，規模の増加に対してそれ以下の割合で上昇する結果であった。パラメータの値は，ほぼ同じ推定式同士を比較したら，特許のスピルオーバーのあった方が大きかった。利潤は，産業間の研究開発の

第11章 特許のスピルオーバー

表11.2 特許スピルオーバーの研究開発への影響(1)

	被説明変数：研究開発		
	(1)	(2)	(3)
売上高	0.4674	0.5292	0.1915
	(12.5)	(17.1)	(5.09)
利潤	0.0670	0.0879	0.0745
	(4.28)	(5.99)	(5.46)
特許産業内スピルオーバー	0.1518		0.2157
	(10.5)		(15.9)
特許産業間スピルオーバー		0.2652	0.3113
		(17.2)	(21.1)
定数項	−6.6947	−7.7482	−3.2881
	(−13.4)	(−18.8)	(−6.83)

注：( )内は，t-値。
出所：「日経NEEDS」日本経済新聞社，「JIPデータベース」RIETI，「IIPデータベース」知的財産研究所のデータを使用。

スピルオーバーがない推定式では，期待された符号で有意であった。しかしながら産業間の研究開発のスピルオーバーがある推定式では，非有意であった。特許のスピルオーバーを使った推定式の方が利潤のパラメータの大きさが大きかった。次に研究開発のスピルオーバーに関しては，産業内も産業間もいずれも期待された符号で有意であった。ただし産業間のスピルオーバーの方が弾力性の値が大きかった。また研究開発がスピルオーバーである前述の推定結果と比べるとスピルオーバーの弾性値は，研究開発がスピルオーバーである推定式の方が大きかった。ここでも研究開発支出の決定に関して，研究開発のスピルオーバーは大きな役割をはたしていることがわかった。

表11.3は，研究開発支出の決定でスピルオーバーが特許の場合で特許そのものを説明変数に含んでいる場合に関する推定結果である[4]。表11.2との違いは，この推定結果は，モデルに特許が含まれている場合であることである。売上高は，すべての推定式で期待された符号で有意であった。すべて正で有意なため，規模が大きくなると研究開発支出も大きくなることがわかった。この結果は，

表11.3　特許スピルオーバーの研究開発への影響(2)

	被説明変数：研究開発			
	(1)	(2)	(3)	(4)
売上高	0.3980	0.2980	0.3580	0.1370
	(12.1)	(7.96)	(12.0)	(3.88)
利潤	0.0927	0.0842	0.0969	0.0861
	(6.51)	(5.99)	(7.31)	(6.76)
特許	0.6082	0.5543	0.4766	0.3872
	(21.0)	(18.8)	(17.2)	(13.5)
特許産業内スピルオーバー		0.1592		0.0931
		(11.8)		(6.61)
特許産業間スピルオーバー			0.1923	0.2406
			(13.2)	(16.3)
定数項	−3.2820	−2.1524	−3.4141	−0.8951
	(−6.83)	(−4.11)	(−7.58)	(−1.86)

注：（　）内は，t-値。
出所：「日経 NEEDS」日本経済新聞社,「JIP データベース」RIETI,「IIP データベース」知的財産研究所のデータを使用。

スピルオーバーが研究開発のときと特許のときと同じである。ただしパラメータの値は，1以下であり，規模の増加に対してそれ以下の割合で上昇する結果であった。パラメータの値は，ほぼ同じ推定式同士を比較したら，わずかな違いはあるものの，このモデルが最も小さかった。利潤は，すべての推定式で期待された符号で有意であった。弾力性の大きさは，他の推定結果より大きいが，違いは小さい。特許はすべての推定式で期待された符号で有意であった。弾性値の値も0.5以上で大きい値であった。特許のスピルオーバーを使った推定式の方が利潤のパラメータの大きさが大きかった。次に研究開発のスピルオーバーに関しては，産業内も産業間もいずれも期待された符号で有意であった。ただし産業間のスピルオーバーの方が弾力性の値が大きかった。これは，研究開発のモデルですべてに見られた全般的な傾向であった。

表11.4は，特許の決定式の推定結果で，いわゆる特許生産関数である[5]。またスピルオーバーが研究開発の場合に関する推定結果である。売上高は，すべ

第11章　特許のスピルオーバー

表11.4　研究開発スピルオーバーの特許への影響

	被説明変数：特許			
	(1)	(2)	(3)	(4)
研究開発	0.4237	0.4072	0.3753	0.4016
	(21.2)	(17.1)	(14.4)	(14.4)
売上高	0.1794	0.1803	0.1747	0.1786
	(6.40)	(6.43)	(6.47)	(6.29)
研究開発産業内スピルオーバー		0.0295		0.0252
		(1.29)		(0.99)
研究開発産業間スピルオーバー			0.0579	0.0124
			(2.14)	(0.38)
定数項	−6.4468	−6.5573	−6.6980	−6.5808
	(−17.9)	(−17.7)	(−17.6)	(−17.5)

注：(　)内は，t-値。
出所：「日経NEEDS」日本経済新聞社，「JIPデータベース」RIETI，「IIPデータベース」知的財産研究所のデータを使用。

ての推定式で期待された符号で有意であった。すべて正で有意なため，規模が大きくなると研究開発支出も大きくなることがわかった。ただしパラメータの値は1以下であり，規模の増加に対してそれ以下の割合で上昇する結果であった。これは今までの推定結果と同じであった。研究開発はすべての推定式で，期待された符号で有意であった。弾性値も今までの推定結果と比べても大きい値であった。したがって特許の決定には，予想されたことであるが，研究開発の影響がかなり強いことが確認された。しかしながら産業内の研究開発のスピルオーバーがすべての推定式で，非有意であった。次に産業間のスピルオーバーに関しては，2本中1本の推定式で期待された符号で有意であった。したがって研究開発は特許の決定に強い影響を持っているが，スピルオーバーの影響は少ないといえる。

表11.5は，特許の決定式の推定結果で，いわゆる特許生産関数である[6]。またスピルオーバーが特許の場合に関する推定結果である。売上高は，すべての推定式で期待された符号で有意であった。すべて正で有意なため，規模が大きくなると研究開発支出も大きくなることがわかった。ただしパラメータの値は

表11.5 特許スピルオーバーの特許への影響

	被説明変数：特許		
	(1)	(2)	(3)
研究開発	0.3941	0.3890	0.2975
	(18.7)	(17.7)	(12.9)
売上高	0.1156	0.1739	0.0916
	(3.64)	(6.23)	(3.17)
特許産業内スピルオーバー	0.0572		0.0942
	(4.78)		(8.09)
特許産業間スピルオーバー		0.0521	0.0906
		(3.77)	(6.46)
定数項	−5.6210	−6.4206	−5.3817
	(−13.7)	(−17.9)	(−14.0)

注：（ ）内は，t-値。
出所：「日経NEEDS」日本経済新聞社，「JIPデータベース」RIETI，「IIPデータベース」知的財産研究所のデータを使用。

1以下であり，規模の増加に対してそれ以下の割合で上昇する結果であった。これは今までの推定結果と同じであった。研究開発はすべての推定式で，期待された符号で有意であった。弾性値も今までの推定結果と比べて，研究開発がスピルオーバーである推定式より小さい値であった。したがって表11.4と同様に特許の決定には，予想されたことであるが，研究開発の影響がかなり強いことが確認された。産業内の研究開発のスピルオーバーがすべての推定式で，有意であった。また産業間のスピルオーバーに関しても，すべての推定式で期待された符号で有意であった。したがって研究開発は特許の決定に強い影響を持っているが，特許のスピルオーバーの影響はかなり強いといえる。

11.4 結語

本章では，特許の決定に関しての分析を行い，さらにスピルオーバーの検証も行った。はじめに研究開発の決定モデルの分析をおこなった。研究開発の分

析モデルは，企業規模，利潤がすべての推定式で有意であった。スピルオーバーに関しては，研究開発と特許それぞれについて産業内と産業間のスピルオーバーについて分析をおこなった。いずれのスピルオーバーも期待された符号で有意であり，スピルオーバーが研究開発の決定に関して，大きな役割を果たしていることが確認された。ただしスピルオーバーについては，産業内のスピルオーバーよりも産業間のスピルオーバーの方が弾力性の値が高く，大きなインパクトがあるという結果であった。

次に特許に関しても研究開発と同様の分析を行った。したがってわれわれは，いわゆる特許生産関数を推定することになる。特許生産関数では，研究開発支出と企業規模のすべての推定式で有意であった。スピルオーバーに関しては，特許のスピルオーバーはいずれも有意であった。したがって特許の生産について，特許のスピルオーバーは，確実な貢献をしていることが実証的に検証された。しかしながら研究開発のスピルオーバーに関しては，半分の推定式で有意であったが，非有意であった推定式も存在した。

特許のスピルオーバーに関しては，この章の分析方法では，単一方程式による分析であった。研究開発と特許の同時性を考慮したモデルや，利潤や費用との連立方程式によるモデルも必要であろう。それらは今後の課題としたい。

注

1) 研究開発，利潤，産業内スピルオーバー，産業間スピルオーバー，特許はいずれも資本に対する比率。
2) 推定はすべて固定効果モデルでおこなわれている。以下モデルはすべて対数線形である。使用データは，7章のデータと同じである。
3) 推定はすべて変量効果モデルでおこなわれている。
4) 推定はすべて固定効果モデルでおこなわれている。
5) 推定は(4)式は変量効果モデルで他はすべて固定効果モデルでおこなわれている。
6) 推定は(3)式は変量効果モデルで他はすべて固定効果モデルでおこなわれている。

第12章　おわりに

　本書では，イノベーションに関しての経済学的な分析をおこなった。イノベーションとして，研究開発，特許，ITを取り上げ，市場構造，企業行動，外部性との関係を定量的に分析を行った。第一に，イノベーションは，競争的な市場構造になるほど行われることがわかった。したがって規制緩和などの政策は効果があると考えられる。第二に，イノベーションは，企業の生産，利潤，費用に有意に貢献する。さらに生産性や市場価値の上昇をもたらす。第三に，イノベーションは外部性を発生させる。外部性は，企業のイノベーションに大きな影響を与える。

　第2章では，研究開発，IT，特許に関して，マクロレベルや産業別のデータが取り上げられて調べられた。イノベーションに対する投資は，GDPの変化の影響を受けるが，長期的には増加している。特にITは，近年でも増加が目立つ。産業では，すべての産業で平均的に投資されるわけではなく，医薬品と化学さらに機械，電子，電気，輸送用機械で増加が著しい。いわゆるこのようなハイテク産業において重視されることからも，イノベーションの役割の大きさが確認できた。

　第3章では，研究開発の最適性と市場構造を双対性のもとでの費用関数を使って実証的に分析した。研究開発は，日本において近年は過剰投資であるが，研究開発が過小投資であった期間がより長く存在する。また日本の産業の独占度は低下し，競争的になってきている。qについての計測結果から，産業の規模が小さいほど，産業の独占度は大きいことになった。研究開発で測った産業の競争性は，産業の拡大を促進する。成長率の低い産業の方が，成長率の高い産業よりもより独占度が高いことを示していて，研究開発に関しての産業独占度の上昇は，企業の成長を阻害しているという結果を得た。

第4章では，第1節で研究開発，ITと市場構造，特に規制との関係を，生産性，GDP成長の観点からパネルデータの解析手法を使って実証的に分析した。研究開発，ITは生産性の上昇，GDP成長に強く貢献している。特に規制の影響は無視できない，規制の変数でコントロールする必要があることがわかった。また規制は生産性の上昇に貢献しており，規制緩和の必要性が証明された。実証的にはデータの作成が特別に必要なため，ほとんど分析例がなかった。したがってこの研究は先駆的な分析である。

　第2節では，規制とイノベーションの関係を同様に実証的に調べた。企業個々のパネルデータを用いて分析を行った。1985年から2000年までの，医薬，化学，電機機械，精密機械，輸送機械の101社が選ばれて分析された。TFP成長率は，生産関数の推定から計測された。TFP上昇率は，年々増加している。また規制は，年々低下していた。規制の進展は，イノベーションの低下をもたらすことになっている。現状の規制緩和政策を支持する結果になっている。

　第5章では，ITと生産性，経済成長との関係を可変費用関数を用いて実証的に分析した。まずIT資本は，統計的に有意な結果を得て，費用に関して貢献していることが確認できた。IT資本のシャドウプライスは初期時点から1991年まで減少していて，1991年の値が最小である。IT資本のシャドウプライスは，この分析の計測期間の前半と近年では大きな違いがある。われわれの結果はIT資本の価格の大幅な低下を示している。ITは，労働生産性およびGDPの成長に対して貢献していることが確認できた。しかしながら1987年以前は，その貢献が明確であったがその年以降は，貢献はあるものの資本，労働，TFPの貢献の方が勝っているという結果であった。

　第6章では，IT資本に関して，長期均衡のもとでのトランスログ費用関数を採用し，代替の弾力性と自己価格弾力性が計測される。さらに労働需要が分解され他の投入要素の価格の影響と自己価格の影響が計算され，IT資本のインパクトが他の投入要素と比較された。代替の弾力性は，IT資本と一般資本の間に関するものが最大であった。また特にIT資本と労働の間の弾力性については，計測期間の後半に劇的に上昇している。したがってIT資本の労働に対する代替は，確実に上昇している。労働需要に対してIT資本の自己価格弾

力性の値は大きくなってきている。そこでIT資本のインパクトの重要性は近年上昇している。

　第7章では，企業の市場価値とイノベーションの関係を分析した。第1節では，Hall Jaffe and Trajtenberg（2005）のモデルをもとにした分析を行っている。ここでは，研究開発のデータ以外に特許のデータも使用している。さらに特許についてオブジェクションのデータも使用している。ほぼすべての式について，研究開発，特許，サイテーション，オブジェクションは，パラメータの符号が正で有意であった。したがってそれらの変数の増加はトービンのqの上昇をもたらす。Hall, Jaffe and Trajtenberg（2005）は，サイテーションの重要性を指摘しているが，オブジェクションも同じように重要であることがわかった。

　第2節では，研究開発と企業の市場価値についてPCAPMを用いて実証的に調べていくことが目的であった。そこでは，同時に研究開発を考慮したPCAMPモデルの，日本における特にハイテク産業の企業に関しての適用性に関する論文でもある。われわれの推定結果は，PCAPMのモデルが日本のハイテク産業の企業において，適用可能であることを示している。研究開発と株価に対する弾力性の値の全体の平均値は，0.13であった。研究開発と株価に対する弾力性の値の電機産業に関する値が，すべての産業の結果の中で最も大きかった。

　第8章では，特許の陳腐化率を計測し，特許の価値を求めた。101社のハイテク産業の企業のデータを使って，分析をおこなった。特許は，登録に費用がかかり，その費用を年金といっている。その支払う年金と登録期間の関係から，特許の陳腐化率を求めることができる。さらにその陳腐化率と特許の登録期間の情報を使うと特許の価値が計算できるため，企業ごとに分析された。その結果，陳腐化率は，化学産業で最も高く32％であり，電気機械，精密機械で最も低く24％であった。平均としては27％であった。わが国の特にいわゆるハイテク産業の陳腐化率は高いといえる。他の推定結果はすべての産業で行っている場合が多いため，産業を今回のように限定するとまた異なった値となろう。従来の固定された陳腐化率は，これらの産業に関しては低い値であるといえる。特許の価値については，化学産業の特許の価値の値が突出して高い。電気機械，

精密機械ではそれほど高くなかった。医薬品と化学産業は，特許の価値が他の産業と比べて高いと考えられる。

　第9章では，わが国の研究開発のスピルオーバーに関する実証分析を双対性にもとづく，トランスログ費用関数を用いて，製造業の10産業に関しておこなった。第一に，わが国の製造業における産業間の研究開発のスピルオーバーの存在が推定されたパラメータの有意性からほぼ確認された。第二に，費用に対する研究開発のスピルオーバーの弾力性が計算され，ほとんどの産業の計測期間において，コスト削減に効果を及ぼすことがわかった。特に自産業の研究開発の大きい産業ほど，効果が大きいといえる。第三に，研究開発のスピルオーバーの社会的割引率が計算された。私的な研究開発の割引率との比率は1.8ほどであり，米国における先行研究に近い結果であった。特に自産業の研究開発の大きい産業ほど割引率が高い傾向にある。

　第10章では，産業間のIT資本のスピルオーバーの効果を日本の製造業に関して双対アプローチによるトランスログ費用関数のモデルにより分析した。IT資本のスピルオーバーに関するパラメータはすべて有意であり，IT資本のスピルオーバーが存在していることを証明している。IT資本のスピルオーバーが，すべての産業ですべての期間，コストを削減させていることを示している。すべての弾力性は絶対値で増加してきて，ピークは1990年で絶対値で低下する。すべてのIT資本のスピルオーバーの労働に対する弾力性の値はすべて負の値であった。したがってIT資本のスピルオーバーの増加は，労働の減少を意味している。IT資本と労働の代替の進展は明らかに進んでいる。

　第11章では，企業別のパネルデータを使用して，パネル分析により，特許の決定に関しての分析を行い，同時にスピルオーバーの検証も行った。研究開発の分析モデルは，企業規模，利潤がすべての推定式で有意であった。スピルオーバーに関しては，研究開発と特許それぞれについて産業内と産業間のスピルオーバーについて，いずれのスピルオーバーも期待された符号で有意であり，スピルオーバーが研究開発の決定に関して，大きな役割を果たしていることが確認された。次に特許に関しても研究開発と同様の分析を行った。特許生産関数では，研究開発支出と企業規模がすべて推定式で有意であった。スピルオー

第12章 おわりに

バーに関しては，特許のスピルオーバーはいずれも有意であった。したがって特許の生産について，特許のスピルオーバーは，確実な貢献をしていることが実証的に検証された。

　本書では，イノベーションに関して詳しく分析し，市場構造，競争性，外部性を中心に考えられてきた。そうした観点は，どちらかといえばミクロ経済分析にもとづく静学的な資源配分に関する論点であった。したがって，より動学的な側面を重視して，経済成長や景気循環といったテーマに対しては，対象としてこなかったが，いうまでもなくそれらは大変重要なテーマである。特に近年では，社会的にも経済成長については関心が高い。イノベーションの役割も大きく，そうした研究は本研究をふまえて必要となろう。またイノベーションは，企業，政府にとって重要な要素であるため，具体的な政策がとられる。企業は，研究所を作ったり，政府は，いろいろな補助金を出したりする。そうした政策はすべてイノベーションをより盛んにしていこうという目的でおこなわれる。政策としてはどのような政策が有効なのであろうか。また実際に効果があるのはどの政策かなどの政策に関しての分析もまだおこなわれていなかった。そうした事柄はそれ自体が重要なテーマであろう。本研究をベースにして今後の課題としていきたい。

参考文献

[1] 井澤裕司.「自然独占の理論と電気事業─火力発電の規模の経済性」『電力経済研究』17(1985):127-144.
[2] 依田孝典.『ネットワークエコノミクス』日本評論社,2001.
[3] 依田孝典.『ブロードバンド・エコノミクス−情報通信産業の新しい競争政策』日本経済新聞社,2007.
[4] 伊藤成康,中西泰夫.「電気事業における限界費用と料金形成」『電力経済研究』24(1988):13-23.
[5] 伊藤元重,清野一治,奥野正寛,鈴村興太郎.『産業政策の経済分析』東京大学出版会,1988.
[6] 乾友彦,権赫旭.「展望:日本のTFP上昇率は1990年代においてどれだけ低下したか」『経済分析』176(2005):137-167.
[7] 江藤勝.『規制緩和と日本経済』日本評論社,2002.
[8] 大川隆夫.『寡占市場と参入』多賀出版,2008.
[9] 太田誠.『品質と価格』創文社,1980.
[10] 小田切宏之.『新しい産業組織論』有斐閣,2001.
[11] 河村真.「大都市公営バス事業の密度の経済とサイズの経済の計測」『季刊理論経済学』44(1993):269-274.
[12] 北坂真一.「動学的生産要素システムの推定−わが国鉄鋼業の場合−」『季刊理論経済学』43(1992):165-176.
[13] 清野一治.『規制と競争の経済学』東京大学出版会,1993.
[14] 工藤和久.『金融理論』有斐閣,1982.
[15] 後藤晃,本城昇,鈴木和志,滝野沢守.「研究開発と技術進歩の経済分析」『経済分析』103,1986.
[16] 篠崎彰彦.「日本における情報関連投資の実証分析」『国民経済』161(1998):1-26.
[17] 篠崎彰彦.『情報革命の構図』東洋経済新報社,1999.
[18] 新庄浩二,張星源.「情報化資本ストックの生産性効果の分析:日米比較」Kobe University Discussion Paper No.9811,1998.
[19] 鈴木和志.『設備投資と金融市場』東京大学出版会,2001.
[20] 住友生命総合研究所.『規制緩和の経済効果』東洋経済新報社,1999.
[21] 総務庁.『規制緩和白書』大蔵省印刷局,2000.
[22] 総務庁.『許認可等現況表』総務庁行政監査局,2000.

[23]　土井教之.『寡占と公共政策』有斐閣, 1986.
[24]　内閣府.『近年の規制改革の経済効果－生産性の分析』国立印刷局, 2001a.
[25]　内閣府.『経済財政白書－改革なくして成長なし－』国立印刷局, 2001b.
[26]　内閣府.『経済財政白書－改革なくして成長なしⅡ－』国立印刷局, 2002.
[27]　中島隆信, 新保一成.「企業R&Dによる労働需要への影響について」『三田商学研究』41(1998): 145-172.
[28]　中西泰夫.「トランスログ費用関数による実証分析」『専修経済学論集』37(2002): 77-98.
[29]　中西泰夫, 乾友彦.「サービス産業の生産性と研究開発・IT・規制」宮川努編『産業空洞化と日本経済』, 日本経済研究センター, 2003.
[30]　中西泰夫, 乾友彦.「規制緩和と産業のパフォーマンス」深尾京司, 宮川努編『生産性と日本の経済成長－JIPデータベースによる産業・企業レベルの実証分析』東京大学出版会, 2008.
[31]　中西泰夫, 山田節夫.「特許の価値と陳腐化率」『社会科学研究』61(2010): 79-96.
[32]　新飯田宏, 後藤晃, 南部鶴彦編.『日本経済の構造変化と産業組織』東洋経済新報社, 1987.
[33]　西村清彦, 峰滝和典.『情報技術革新と日本経済』有斐閣, 2004.
[34]　羽森茂之.『消費者行動と日本の資産市場』東洋経済新報社, 1996.
[35]　樋口美雄.『雇用と失業の経済学』日本経済新聞社, 2001.
[36]　深尾京司, 宮川努, 河井啓希, 乾友彦, 岳希明, 奥本佳伸, 中村勝克, 林田雅秀, 中田一良, 橋川健祥, 奥村直紀, 村上友佳子, 浜潟純大, 吉沢由羽希, 丸山士行, 山内慎子.「経済分析170号　産業別生産性と経済成長：1970-98年」『経済分析』170(2003).
[37]　松川勇, 真殿誠史, 中島孝子.「電気事業におけるラムゼイ料金の適用－自家発・コジェネとの競合下における効率的な料金の実証分析」『電力中央研究所研究報告』Y90013(1991).
[38]　真殿誠史, 中西泰夫.「本邦電気事業における設備投資行動の分析」『電力中央研究所研究報告』Y90013(1991).
[39]　真殿誠史, 中西泰夫, 根本二郎.「我が国電気事業における設備投資行動のシミュレーション分析」『日本経済研究』23(1992): 116-127.
[40]　元橋一之.『ITイノベーションの実証分析』東洋経済, 2005.
[41]　元橋一之, 船越誠, 藤平章.『競争, イノベーション, 生産性に関する定量的分析』競争政策研究センター, 2005.
[42]　山田節夫.『特許の実証経済分析』東洋経済, 2009.
[43]　Acemoglu, D. *Introduction to Modern Economic Growth*, Princeton University Press, 2009.

参考文献

[44] Arellano, M. and Bond. S. "Some Tests of Specification for Panel Data: Monte Carlo Evidence and an Application to Employment Equations." *Review of Economic Studies* 58(1991): 277–297.

[45] Arrow, K. "Economic Welfare and the Allocation of Resources for Invention." In *The Rate and Direction of Inventive Activity*, Nelson.,R. ed., Princeton University press, 1962.

[46] Arrow, K. , Chenery, H. , Minhas, B. and Solow, R. "Capital-Labor Substitution and Economic Efficiency." *Review of Economics and Statistics* 43(1961): 225–254.

[47] Averch, I. and Johnson, L. "Behavior of the Firm under Regulator Constraint." *American Economic Review* 52 (1962): 1052–1069.

[48] Baumol, E. Panzar, J. and Willig, R. *Contestable Market and the Theory of Industry Structure*, Harcourt Brace Jovanovi, 1988.

[49] Barro, R. and Sala-I-Martin, X. *Economic Growth*, MacGraw-Hill, 1995.

[50] Barzel, Y. "Optimal Timing of Innovation." *Review of Economics and Statistics* 50(1968): 348–355.

[51] Berndt, E. R. and Field, B. eds., *Modeling and Measurin Natural Resource substitution*, The MIT Press, 1981.

[52] Berndt, E. and Hesse, D. "Measuring and Assessing Capacity Utilization in the Manufacturing Sectors of Nine OECD Countries." *European Econiomic Review* 30(1986): 961–989.

[53] Berndt, E. R. and Christensen, L. R. "The Translog Function and the Substitution of Equipment, Structures and Labor in U.S. Manufacturing 1929–68." *Journal of Econometrics* 1(1973): 81–113.

[54] Berndt, E. R. and Morrison, C. J. "High-tech Capital Formation and Economic Performance in U.S. Manufacturing Industries An Exploratory Analysis." *Journal of Econometrics* 65(1995): 9–43.

[55] Bernstein, J. "The Structure of Canadian Inter-Industry R&D Spillovers and the Rate of Return." *Journal of Industrial Economics* 37(1989): 315–328.

[56] Bernstein, J. and Nadiri, I. "Interindustry R&D Spillovers, Rate of Return, and Production in High-Tech Industries." *American Economic Review* 78(1988): 429–434.

[57] Bernstein, J. and Nadiri, I. "Research and Development and Intra-industry Spillovers: An Empirical Application of Dynamic Duality." *Review of Economic Studies* 56(1989): 249–269.

[58] Bessen, J. "The Value of U.S. Patents by Owner and Patent Characteristics." *Research Policy* 37(2008): 932–945.

[59] Bloom, N. and Van Reenen, J. "Patent, Real Options and Firm Performance." *Economic Journal* 112(2002): C97–C116.

[60] Blundell, R., Griffith, R., and Van Reenen, J. "Market Share, Market Value and Innovation in a Panel of British Manufacturing Firms." *Review of Economic Studies* 66(1999): 592–554.

[61] Bond, S. and Meghir, C. "Dynamic Investment Models and the Firm's Financial Policy." *Review of Economic Studies* 61(1994): 197–222.

[62] Bond, S. and Van Reenen, J. "Microeconometric Models of Investment and Employment." In *Handbook of Econometrics* Heckman, J. and Leamer,E.,eds., North Hollands, 2007.

[63] Bosworth, D. "The Rate of Obsolescence of Technical Knowledge-A Note." *Journal of Industrial Economics* 26(1978): 273–279.

[64] Brown, R. and Christensen, L. "Estimating Elasticities of Substitution in a Model of Partial Static Equilibrium: An Application to U.S. Agriculture, 1947 to 1974." In *Modeling and Measuring Natural Resource Substitution*, Berndt,E. and Field,C. eds., The MIT Press, 1981.

[65] Brynjolfsson, E. and Hitt, L. "Beyond Computation: Information Technology, Organizational Transformation and Business Performance." *Journal of Economic Perspectives* 14(2000): 23–48.

[66] Carlton, D. and Perloff, J. *Modern Industrial Organization*. Addison Wesley, 2005.

[67] Cabral, L. *Introduction to Industrial Organization*. MIT Press, 2000.

[68] Cochrane, J. "Production-Based Asset Pricing and Link between Stock Returns and Economic Fluctuation." *Journal of Finance* 46(1991): 209–237.

[69] Cochrane, J. "Cross-Section Test of an Investment-Based Asset Pricing Model." *Journal of Political Economy* 104(1996): 572–621.

[70] Christensen, L. A. and Greene, H. H. "Economies of Scale in U.S. Electric Power Generation." *Journal of Political Economy* 84(1976): 655–676.

[71] Christensen, L. A. Jorgenson, D. W., and Lau, L. J. "Conjugate Duality and Transcendental Logarithmic Production Function." *Econometrica* 39(1971): 255–256.

[72] Christensen, L. A. Jorgenson, D. W., and Lau, L. J. "Transcendental Logarithmic Production Function Frontiers." *Review of Economics and Statistics* 55 (1976): 28–45.

[73] Cohen, W. "Empirical Studies of Innovative Activity." In *Handbook of the Innovation and Technological Change* Stoneman,P. ed., Oxford, Basil Blackwell, 1995.

[74] Cohen, W. and Klepper, S. "Firm Size and the Nature of Innovation within Industries: The Case of Process and Product R&D." *Review of Economics and Statistics* 78(1994): 232–243.

[75] Cockburn, I. and Griliches. Z. "Industry Effects and Appropriability Measures in the Stock Market's Valuation of R&D and Patents." *American Economic Review* 78(1988): 419–423.

[76] Comanor, W. "Market Structure, Product Differentiation, and Industrial Research." *Quartely Journal of Economics* 81(1967): 639–57.

[77] Conway, P., V. Janod and Nicoletti, G. "Product Market Regulation in OECD Countries: 1998 to 2003," OECD Economics Department Working Papers, No. 419, OECD Publishing, 2005.

[78] D'Aspremont, C. and Jacquemin, A. "Cooperative and Noncooperative R&D in Duopoly with Spillover." *American Economic Review* 78(1988): 1133–1137.

[79] Diewert, E. "Applications of Duality Theory." In *Frontiers of Quantitative Economics, vol.2*, Intriligator, M. and Kendrics.D. eds., Amsterdam: North-Holland, 1974.

[80] Diewert, E. W. "Duality Approaches to Microeconomic Theory." In *Handbook of Mathmatical Economics, vo*1.2. Arrow,K, and Intriligator, M. eds., Amsterdam: North-Holland, 1982.

[81] Diewert, E. and Wales, T. "Flexible Fuctional Forms and Global Curvature Conditions." *Econometrica* 55(1987): 43–68.

[82] Duncombe, W. and Yinger, J. "An Analysis of Return to Scale in Public Production, with Application to Fire Protection." *Journal of Public Economics* 52(1993): 49–72.

[83] Epstein, L. and Denny, M. "The Multivariate Flexibility Accelerater Model: Its Empirical Restrictions and Application to U.S. Manufacturing." *Econometrica* 51(1983): 647–674.

[84] Epstein, L. and Yatchew, A. "The Empirical Determination of Technology and Expectation: A Simple Procedure." *Journal of Econometrics* 27(1985): 235–258.

[85] Fukao, K., Inui, T.,Kawai, H. and Miyagawa, T. "Sectoral Productivity and Economic Growth in Japan, 1970-98." In *Growth and Productivity in East Asia*, Ito, T. and Ross. A. eds., University of Chicago Press, 2004.

[86] Fukao, K., Hamagata, S., Inui, T., Ito, K., Kwon, H. Makino, T., Miyagawa, T., Nakanishi, Y., and Tokui, J. "Estimation Procedures and TFP Analysis of the JIP Database 2006," RIETI Discussion Paper January 07-E-003, 2007.

[87] Fuss, M., MacFadden, D. and Cowing. T. eds., *A Dual Approach to Theory and*

Applications. Amsterdam: North-Holland, 1978.
[88] Fuss, M. and Waverman, L. Productivity Growth in the Motor Vehicle Industry, 1970-1984: A Comparison of Canada, Japan, and the United States. In *Productivity Growth in Japan and United States and Japan*. Hulten,C.ed., Chicago, University of Chicago Press, 1990.
[89] Geroski, P. "Innovation, Technological Opportunity, and Market Structure." *Oxford Economic Papers* 42(1990): 586-602.
[90] Geroski, P. "Entry and the rate of Innovation." *Economics of Innovation and New Technology* 1(1991): 203-14.
[91] Geroski, P. *Market Dynamics and Entry*. Basil Blackwell, 1998.
[92] Geroski, P. and Pomroy, R. "Innovation and the Evolution of Market Structure." *The Journal of Industrial Economics* 38(1990): 299-314.
[93] Grabowski, H. "The Determinants of Industrial Research and Developement: A Study of Chemical, Drug, and Petoleum Industries." *Journal of Political Economy* 76(1968): 292-306.
[94] Gollop, F. M. and Roberts, M. "The Source of Economic Growth." In *Productivity Measurement in Regulated Industries*, Cowing, T. and Stevenson,R. eds., New York: Academic Press, 1981.
[95] Gordon, R. " "New Economy" Measure up to the Great Innovations Past." *Journal of Economic Perspectives* 14(2000): 49-74.
[96] Goto, A. and Motohashi. K. "Development and Innovation of a Paten Database." *Web Site ; The Institute of Intellectual Property(IIP)*, 2007a.
[97] Goto, A. and Motohashi. K. "Construction of a Japanese Paten Database," *Research Policy* 36(2007b): 1431-1442.
[98] Goto, A. and Nagata. M. "The Survey Data from Technological Opportunities and Appropriating the Returns from Innovation-Comparison of Survey Results from Japan and the U.S.." National Institute of Science and Technology Policy, 1997.
[99] Goto, A. and Suzuki, K. "R&D Capital, Rate of Return on R&D Investment and Spillover of R&D in Japanese Manufacturing Industries." *Review of Economic and Statistics* 71(1989): 555-564.
[100] Griliches, Z. "Market Value, R&D and Patent." *Economics Letters* 7(1981): 183-187.
[101] Griliches. Z. *R&D, Patents, and Productivity*, University of Chicago Press, 1984.
[102] Griliches, Z. "Patent Statistics as Economic Indicators: A Survey." *Journal of Economic Literature* 28(1990): 1661-1707.
[103] Griliches, Z., Hall, H. and Pakes, A. "R&D, Patent and Market Value Revised:

Is There a Second Factor？" *Economics of Innovation and New Technology* 1 (1991): 183-201.

[104] Grossman, G. and Helpman, E. *Innovation and Growth*, The MIT Press, 1991.

[105] Hall, B., Griliches, Z. and Hausman, J. "Patent and R&D: Is There a Lag？," *International Economic Review* 27(1986): 265-283.

[106] Hall, B., Jaff, A. and Trajtenberg, M. "Market Value and Patent Citations: A First Look," National Bureau of Economic Research Working Paper No.7741, 2000.

[107] Hall, B., Jaff, A. and Trajtenberg, M. "Market Value and Patent Citations." *RAND Journal of Economics* 36(2005): 16-38.

[108] Hall, B. and Mairesse, J. "Exploring the Relationship between R&D and Productivity in French Manufacturing Firms." *Journal of Econometrics* 65 (1995): 263-293.

[109] Haneda, S., and Odagiri, M. "Appropriation of Returns from Technological Assets and the Value of Patents and R&D in Japanese High-tech Firms." *Economics of Innovation and New Technology* 5(1997): 303-321.

[110] Halvorsen, R. and Smith, T. R.. "Substitution Possibilities for Unpriced Natural Resources: Restricted Cost Function for Canadian Metal Industry." *Review of Economics and Statistics* 68(1986): 398-405.

[111] Hayashi, F. "Tobin's Marginal and Average q: A Neoclassical Interpretation." *Econometrica* 50(1982): 213-224.

[112] Hayashi, F. and Prescott, E. "The 1990s in Japan: A Lost Decade." *Review of Economic dynamics* 5(2002): 206-235.

[113] Hausman, J., Hall. B. and Griliches. Z. "Economic Models for Count Data with an Application to the Patents-R&D Relationship." *Econometrica* 52(1987): 909-938.

[114] Holly, S. and Smith, P. "Interrelated Factor. Demands for Manufacturing: A Dynamic Translog Cost Function Approach." *European Economic Review* 33 (1989): 111-126.

[115] Hori, K. 1997. "Japanese Stock Returns and Investment: A Test of Production-Based Asset Pricing Model." *Japan and the World Economy* 9: 37-56.

[116] Jaffe, A. Technological Opportunity and Spillover of R&D: Evidence from Firms' Patents, Profit, and Market Value. *American Economic Review* 76 (1986): 984-1001.

[117] Jorgenson, D. "Information Technology and the U.S. Economy." *American Economic Review* 91(2001): 1-32.

[118] Jorgenson, D. and Stiroh, K. "Computers and Growth." *Economics of Innovation and New Technology* 3(1995): 295-316.

[119] Joskow, P. L. and Schmalensee, A. *Market for Power-An Analysis of Electric Utility Deregulation*. The MIT Press, 1983.

[120] Kamien, M. and Schwartz, N. *Market Structure and Innovation*. Cambridge University Press, 1982.

[121] Kasa, K. "Consumption-Based versus Production-Based Model of International Equity Markets." *Journal of International Money and Finance* 16(1997): 653-680.

[122] Kim, Y. "Intertemporal Production and Asset Pricing: a Duality Approach." *Oxford Economic Papers* 55(2003): 344-379.

[123] Kulatilaka, N. "Testing on the validity of Static Equilibrium Models." *Journal of Econometrics* 28(1985): 253-268.

[124] Kuroda, Y. "The Production Structure and Demand for Labor in Postwar Japanese Agriculture." *American Journal of Agricultural Economics* 69(1987): 328-337.

[125] Kuroda, Y. "Biased Technological Change and Factir Demand in Postwar Japanese A griculture, 1958-84." *Agricultural Economics* 2(1988): 101-122.

[126] Kuroda, Y. "The Output Bias of Technological Change in Postwar Japanese Agriculture." *American Journal of Agricultural Economics* 70(1988): 663-673.

[127] Lau, L. "Application of Profit Function." In Production Economics: *A Dual Approach to Theory and Application*. Fuss, M. McFadden, D. eds., and North-flo 11and, 1978.

[128] Lam, A., Norsworthy, J. and Zabala, C. "Labor Disputes and Production in Japan and United States." In *Productivity Growth in Japan and United States and Japan*, Hulten. C, eds., University of Chicago Press, 1990.

[129] Lanjouw, J. and Schankerman. M. "Characteristics of Patent Litigation: a Window on Competition." *Rand Journal of Economics* 32(2001): 129-151.

[130] Lanjouw, J. and Schankerman. M. "Patent Quality and Research Productivity: Measuring Innovation with Multiple Indicators." *Economic Journal* 114(2004): 441-465.

[131] Lichtenberg, F. R. "The Output Contribution of Computer Equipment and Personal: A Firm-Level Analysis." *Economics of Innovation and the New Technology* 7(1995): 201-217.

[132] Madono, M., Nakanishi, Y and Nemoto, J. "Temporaly Equilibrium Model and Optimal Capital Stock: An Application to Japanese Electric Utilities." In *Energy System, Management and Economics* Nishikawa, Y. Kaya,Y. and Yamaji,

K. eds., Progamon Press, 1990.
[133] Madono, M., Nemoto, J. and Nakanishi, Y. "Modeling Investment Behavior of Japanese Electric Utilities." Tezukayama University Discussion Paper Series No. F-089, 1994.
[134] Mansfield, E. "Industrial Research and Development Expenditure." *Journal of Political Economy* 72(1964): 319-40.
[135] Mansfield, E. *Industrial Research and Technological Innovation: An Economic Analysis*. Norton, 1968.
[136] Martin, S. *Advanced Industrial Economics*. Blackwell, 1993.
[137] McFadden, D. "Cost, Revenue and Profit Functions." In *Production Economics: A Dual Approach To Theory and Applications, vol.1*. Fuss, M. and McFadden, D. eds., North-Holland, 1978a.
[138] Miyagawa, T. and Kim. G. "The Quantitative Assessment of Organization Capital," Research Institute of Economy, Trade and Industry Discussion Paper No.06-J-048, 2006.
[139] Morrison, C. "Primal and Dual Capacity Utilization: An Application to Productivity Measurement in the U.S. Automobile Industry." *Journal of Business and Econolnic Statistics* 3(1985): 312-324.
[140] Morrison, C. "Quasi-Fixed Inputs in U.S.and Japanese Manufacturing: A Generalized Leontief Restricted Cost Function Approach." *Review of Economics and Statistics* 70(1988): 275-287.
[141] Morrison, C. "Assessing the Productivity of Information Technology Equipment in U.S. Manufacturing Industries." *Review of Economics and Statistics* 79 (1997): 471-481.
[142] Morrison, C. and Berndt, E. "Short-run Labor Productivity in a Dynamic Model." *Journal of Econometrics* 15(1981): 339-365.
[143] Morrison, C. and Siegel, D. "External Capital Factors and Increasing Returns in U.S. Manufacturing." *Review of Economics and Statistics* 77(1997): 647-654.
[144] Nadiri, I. and Mamuneas, T. "The Effect of Public Infrastructure and R&D Capital on the Cost Structure and Performance Of U.S. Manufacturing Industries." *Review of Economics and Statistics* 76(1994): 22-37.
[145] Nadiri, I. and Prucha, I. "Dynamic Factor Demand Models, Productivity Measurement, and Rate of Return: Theory and an Empirical Application to the U.S. Bell System." NBER Working paper, No.3041, 1989.
[146] Nadiri, I. and Prucha, I. "Comparison and Analysis of Productivity Growth and R&D Investment in Electrical Machinery Industries of the United State and Japan." In *Productivity Growth in Japan and United States and Japan*, Hulten.C.

ed., Chicago, University of Chicago Press, 1990.
[147] Nadiri, I. and Schankerman, M. "The Structure of Production, Tecchnological Change, and Rate of Growth of Total Factor Productivity in The U.S. Bell System." In *Productivity Measurement in Regulated Industries*, Cowing, T. and Stevenson, R. eds., Academic Press, 1981.
[148] Nadiri, I. and Schankerman, M. "Estimation of the Depreciation Rate of Physical and R&D Capital in the U.S. Total Manufacturing Sector." *Economic Inquiry* 34(1996): 43-56.
[149] Nakamura, S. "A Nonhomothetic Generalized Leontief Cost Function Based on Pooled Data." *Review of Economics and Statistics* 72(1990): 649-56.
[150] Nakamura, S. "An Adjustment Cost Model of Long-Term Employment in Japan." *Journal of Applied Econometrics* 8(1993): 175-94.
[151] Nakamura, S. "A Non-homothetic Globally Concave Flexible Cost Function and Its Application to Panel Data." *Japanese Economic Review* 52(2001): 208-23.
[152] Nakanishi, Y. "Dynamic Labour Demand Using Error Correction Model." *Applied Economics* 33(2001): 783-790.
[153] Nakanishi, Y. "Empirical Evidence of Inter-Industry R&D Spillover In Japan." *Journal of Economic Research* 7(2002): 91-104.
[154] Nakanishi, Y. "Employment and IT Capital in Japan." *Applied Economics Letters* 9(2002): 865-867.
[155] Nakanishi, Y. "Empirical Evidence of Externalities of IT Capital in Japan." *Economics Bulletin* 15(2005): 1-11.
[156] Nakanishi, Y. "The Optimality of R&D and Competition: Industry Evidence from Japan" *Empirical Economics Letters* 8(2009): 683-89.
[157] Nakanishi, Y. "IT Capital and Economic Growth in Japan." Munich Personal RePEc Archive No.34178, 2011.
[158] Nakanishi, Y. "Copyright and Market Structure under Vertical Relations." Munich Personal RePEc Archive No.34206, 2011.
[159] Nakanishi, Y. and Yamada. S. "Market Value and Patent Quality in Japanese Manufacturing Firmsin." Munich Personal RePEc Archive No.10790, 2007.
[160] Nakanishi, Y. and Yamada. S. "Patent Applications and the Grant Lag under the Early Disclosure System: Empirical Estimates for Japanese Firms." Munich Personal RePEc Archive No.10718, 2007.
[161] Nakanishi, Y. and Yamada. S. "Measuring the Rate of Obsolescence of Patents in Japanese Manufacturing Firms." Munich Personal RePEc Archive No.10837, 2008.

参考文献

[162] Nelson, R. "On the Measurement of Capacity Utilization." *Journal of Industrial Economics* 37(1989): 273-286.

[163] Nemoto, J., Kamata, K. and Kawamura, M. "Estmates of Optimal Public Capital Stock in Japan Using A Public Investment Discount Rate Framework." *Empirical Economics* 24(1999): 693-710.

[164] Nemoto, J., Nakanishi, Y. and Madono, S. "Scale Economies and Over-Capitalization in Japanese Electric Utilities." *International Economic Review* 34 (1993): 431-440.

[165] Nickell, S. "Competition and Corporate Performance," *Journal of Political Economy* 104(1996): 724-746.

[166] Nicoletti. G. and Scarpetta, S. "Regulation, Productivity and Growth: OECD Evidence." *Economic Policy* 36(2003): 9-72.

[167] Nickell. S., Nicolitsas. D. and Dryden, N. "What Makes Firms Perform Well?" *European Economic Review* 41(1997): 783-796.

[168] Odagiri, H. and Murakami, N. "Private and Quasi-social Rates of Return on Pharmaceutical R&D in Japan." *Research Policy* 21(1992): 335-345.

[169] Odagiri, H. and Kinukawa, S. "Contribution and Channels of Interindustry R&D Spillovers: An Estimatation for Japanese High-Tech Indstries." *Economic System Research* 9(1997): 127-142.

[170] Okada, Y. "Competition and Productivity in Japanese Manufacturing Industries." *Journal of the Japanese and International Economy* 19(2005): 586-616.

[171] Oliner, S. and Sichel, D. "Computers and Output Growth Revised: How Big Is the Puzzle." *Brookings Papers on Economic Activity* 2(1994): 273-334.

[172] Pakes, A. and Schankerman, M. "The Rate of Obsolescence of Knowledge, Research Gestation Lags, and the Private rate of Return to Research Resources." National Bureau of Economic Research Working Paper No.346, 1979.

[173] Pakes, A. and Schankerman, M. "The Rate of Obsolescence of Patent, Research Gestation Lags, and the Private rate of Return to Research Resources," In *R&D, Patents and Productivity*, Z. Griliches, Z. ed., The University of Chicago Press, 1984.

[174] Pakes, A. and Simpson, M. "Patent Renewal Data," *Brookings Paper on Economic activity, Microeconomics* 19(1989): 331-410.

[175] Pindyck, R. and Rotemberg, I. "Dynalnic Factor Demands and the Effect of Energy Price Shock." *American Economic Review* 73(1983a): 1066-1079.

[176] Pindyck, R. and Rotemberg, I. "Dynalnic Factor Demands Under Rational Expectations." *Scandinavian Economic Review* 85(1983b): 223-238.

[177] Porter. M. *The Competitive Advantage of Nations*. Free Press, 1990.
[178] Rosenberg, N. "Science, Invention, and Economic Growth." *Economic Journal* 84(1964): 90-108.
[179] Sakakibara, M. and Branstetter. L. "Do Stronger Patents Induce more Innovation? Evidence from the 1988 Japanese Patent Law Reforms. *RAND Journal of Economics* 32(2001): 77-100.
[180] Salinger, M. "Tobin's q, Unionization and the Concentration-profit Relationship." *Rand Journal of Economics* 15(1964): 159-70.
[181] Schankerman, M. "How Valuable is Patent Protection? Estimates by Technology Field." *RAND Journal of Economics* 29(1998): 77-107.
[182] Schankerman, M. and Nadiri, I. "A Test of Static Equilibrium Models and Rate of Retur.n to Quasi-Fixed Factol-S, With Application to Bell System." *Journal of Econometrics* 33(1986): 97-118.
[183] Scherer, F. "Research and Development Resource Allocation under Rivarly." *Quarterly Journal of Economics* 81(1967): 359-94.
[184] Scherer, F. *Industrial Market Structure and Economic Performance*, Rand McNally, 1980.
[185] Scherer, F. "The Propensity to Patent." International Journal of Industrial Organization," *International Journal of Industrial Organization* 1(1983): 107-128.
[186] Scherer, F. and Ross, D. *Industrial Market Structure and Economic Performance: Third Edition*. Rand McNally, 1990.
[187] Schumpeter. J. *Capitalism, Socialism and Democracy*, Harper and Row, 1942.
[188] Shapiro, C. and Varian, H. *Information Rules*, Harvard Business School Press, 1998.
[189] Sharkey, W. *The Theory of Natural Monopoly*, Cambridge University Press, 1982.
[190] Schankerman, M. "How Valuable is Patent Protection? Estimates by Technology Field." *RAND Journal of Economics* 29(1998): 77-107.
[191] Siegel, D. "The Impact of Computers on Manufacturing Productivity Growth: A Multiple-Indicators, Multiple-Causes Approach." *Review of Economics and Statistics* 79(1997): 66-78.
[192] Siegel, D. and Griliches, Z. "Purchased Services, Outsourcing, Computers, and Productivity in Manufacturing." In *Output Measurement in the Service Sectors*, Grilicches. Z. ed., University of Chicago Press, 1992.
[193] Suzuki, K. "R&D, Technology Transfers and Parent-Subcontract Firms Relationship: Evidence from Panel Data on the Japanese Electrical Machinery

Industry." Kyoto Institute of Economic Research Discussion Paper Series No. 340, 1992.

[194] Suzumura, K. "Cooperative and Noncooperative R&D in an Oligopoly with Spillover." *American Economic Review* 82(1992): 1307–1320.

[195] Tirole. J. *The Theory of Industrial Organization*, The MIT Press, 1988.

[196] Tobin, J . "A General Equilibriuln Model Approach to Monetary Theory." *Journal of Money, Credit and Banking* 1(1969): 15–29.

[197] Trajtenberg, M. "A Penny for Your Quotes : Patent Citations and the Value of Innovations," *RAND Journal of Economics* 21(1990): 172–189.

[198] USDC. *The Emergence of Digital Economy*. USDC, 1998.

[199] USDC. *The Emergence of Digital Economy II*. USDC, 1999.

[200] Uzawa, H. "Production Function with Constant Elasticity of Substitution." *Review of Economic Studie* 29(1982): 291–299.

[201] Van Reenen, J. "Employment and Technological Innovation : Evidence from U. K. Manufacturing Firm." *Journal of Labor Economics* 15(1997): 255–284.

[202] Winston, C. "U.S. Industry Adjustment to Economic Deregulation." *Journal of Economic Perspective* 12(1998): 89–110.

中西泰夫

1959年　東京都生まれ
1984年　埼玉大学経済学部経済学科卒業
1986年　筑波大学大学院修士課程経営・政策科学研究科終了
　　　　財団法人電力中央研究所経済研究所、エセックス大学大学院博士課程中退、財団法人国民経済研究協会、帝塚山大学経済学部専任講師、助教授、専修大学経済学部助教授を経て、
2002年　専修大学経済学部教授

主要業績
"Scale Economies and Over-Capitalization in Japanese Electric Utilities" 1993, *International Economic Review* 34, 431–440.（with J. Nemoto and S. Madono）
"Dynamic Labor Demand using Error Correction Model" 2001, *Applied Economics* 33, 783–790.
"Employment and High-Tech Capital in Japan" 2002 *Applied Economics Letters* 13, 657–659.

イノベーションの計量経済分析

2014年2月28日　第1版第1刷

著　者　　中西　泰夫
発行者　　渡辺　政春
発行所　　専修大学出版局
　　　　　〒101-0051　東京都千代田区神田神保町3-8
　　　　　　　　　　　㈱専大センチュリー内
　　　　　電話　03-3263-4230㈹

印　刷
製　本　　株式会社　加藤文明社

Ⓒ Yasuo Nakanishi　2014　Printed in Japan
ISBN978-4-88125-283-3